思变轨迹

当代中国建筑师访谈录

顾勇新　周小捷 编

中国电力出版社
CHINA ELECTRIC POWER PRESS

作者介绍

顾勇新

现任中国建筑学会监事，原中国建筑学会副秘书长；

教授级高级工程师，西南交通大学兼职教授，毕业于西

南交通大学；

主要学术专著有《建筑业可持续发展思考》《清水混凝

土工程施工技术与工艺》《住宅精品工程实施指南》《建

筑精品工程策划与实施》《建筑设备安装工程创优策划

与实施》。

周小捷

时尚媒体人

《瑞丽家居设计》杂志主编

曾任 a+a《建筑知识》杂志编辑部主任

毕业于中央美术学院设计系

曾任教于浙江工业大学建筑系

从事媒体工作十余年，专注设计与艺术领域。

朱小地
Zhu Xiaodi

沈中伟
Shen Zhongwei

崔 彤
Cui Tong

陆轶辰
Lu Yichen

汪 克
Wang Ke

邵韦平
Shao Weiping

夏海山
Xia Haishan

马树新
Ma Shuxin

王 硕
Wang Shuo

吕品晶
Lv Pinjing

序

改革开放以来，当代中国的城市面貌发生了巨大的变化。在这30多年中，中国建筑设计水平有了明显的提高，但也存在着诸多不足。和社会、经济、文化等领域一样，城市建设和建筑创作也面临着转型的迫切需要。其中，有三个方面的"转型"是需要我们特别关注的：

其一，是从快速城镇化向新型城镇化的转型。在新型城镇化发展背景下，人们开始关注文化传承、注重生态文明、提倡以人为本，作为建筑师需要更自觉地担负起时代赋予的社会使命；

其二，是从盲目追随西方到倡导文化自信的转型。当前，建筑设计领域正面临着"路在何方"的文化困惑。面对建筑文化特色缺失的现状，只有在创作中深入理解并诠释中国文化精神，建筑才能突破创新，也才能凸显个性；

其三，是从贪大求怪求奢到回归建筑本原的转型。回归建筑本原，意义重大。建筑师在创作中，需要聚焦适用、经济、绿色等问题，以作品践行责任，以创作实现理想。

"转型"意味着"思变"。本书以"思变轨迹"为名，正合时宜。在这样的时代背景下，中国新一代的建筑师可能更为敏锐地感受到"转型"的现实。他们或来自"体制内"的大院，或在高校任教，或成立了个人的事务所及工作室，都有着丰富的创作和实践经验，也给出了各自的"思变解答"。不少建筑师已经打破"一元化"观念的束缚，开始展现建筑创作多方向探索的可喜局面。

在这之中，邵韦平先生始终关注人与空间的互动，并且秉承整体性的原则来实现从技术、材料到细部之间的连贯性；朱小地先生将城市、传统与艺术等领域的研究成果作为建筑创作的视野与基点，以观念性思考作为追求建筑价值的途径；崔彤先生主张从研究入手，关注整体性、强调系统化，发展出策划、规划、设计全过程的设计策略和方法；陆轶辰先生把建筑与基地的关系视作建立新场域、新自然、新秩序的机会，以对相关语境和具体元素的研究为驱动，揭示项目的独特本质，并由之推进概念演化与空间塑造；王硕先生试图通过跨学科的合作重建当代城市文化研究与设计实践之间的桥梁，组织跨学科的合作者一起开展跨越城市策略研究、城市更新改造、建筑及室内空间设计、展览策划、新型产品研发等多重领域的创造；等。

　　书中作品真实地反映了当代中国建筑师在时下并不十分理想的创作环境中所作出的艰苦努力，并在一定程度上展现了三十年来中国建筑师在多元化探索过程中所取得的点滴成果，值得珍惜。顾勇新先生和周小捷女士采访当代建筑师并出版这本书，是一件颇有意义的事情。

　　时代在变，故而"思变"永恒。我祈愿并相信中国建筑师能够保持思考的习惯、学习的心态、创作的热情，中国建筑设计事业将大有可为。中国建筑师一定会以自己创造性的工作，为中国、也为世界建筑的发展作出自己的贡献。

中国工程院院士

2016.11.1

编者的话

　　做这本书缘起于一次有意思的采访，那时我还在中国建筑学会a+a《建筑知识》杂志，和顾勇新副秘书长一起走访了几位知名的建筑师，聆听他们讲述设计的故事。顾老师说，建筑师的社会责任感促使他们要考虑建筑发展的多元化，在现阶段转型的过程中，他们会有很多正在思考的新想法，同时，建筑师们也有感性的一面，我们就和他们聊一聊关于建筑的话题，以讲故事的方式谈谈当代建筑的"前世与来生"。

　　诚然，每一位建筑师都是创意工作者，设计这一领域充满了理想主义情怀，将梦想和现实交织于一个个项目中。与其他设计不同，建筑设计作为一个特殊的领域，要求从业者具有较高的专业素养和审美取向。都说建筑师具有社会责任感，那不是假的，他们的作品既包含个人的意志，也取决于各种各样的外界因素。每一次的采访都是一场轻松而愉快的交流，没有学会领导的身份，也没有业界大腕的架子，只有时空在不经意中漫过……

　　真情实感应该是这些故事中所包含的精髓，无论是走在前沿的建筑师，还是在象牙塔中的教育学者，在采访中流露出来的真性情难能可贵。那是多年的实践和思考得出的经验，就在那午后宝贵的一两个小时内娓娓道来。他们平时都是非常忙碌的人，然而，时间就在故事的分享中停留下来。我们总有很多的问题，有时会问得很宽泛，有时回答也跑了题，anyway，没有关系，聊得自在，感觉舒服就好。

　　想起在最初的联系时，有的人会问我，顾秘书长来访要问什么？我说，就是聊聊天，听听大家正在思考的想法。所有刚开始有困惑的人最后都没有了顾虑，我们的书也在缓慢的节奏中一点点地推进，历时3年多，终于要出版了！速度有点慢，确实，但为了完成这个心愿，顾老师一直坚持并督促着我，今天，终于瓜熟蒂落了，以往的辛苦没白费。在这里，我们要特别感谢程泰宁院士为本书作序，也感谢各位建筑界的大腕和教育学者，我们珍惜与你们的相遇相知，希望将这把"建筑故事"的火炬继续接力下去！

编者

目录

朱小地

建筑师、空间艺术家，
现任北京市建筑设计研究院有限公司董事长、
总建筑师、BIAD艺术中心主持建筑师。

朱小地将自己个性的思想纳入理性的设计之中，逐渐形成了将复杂的建筑问题
首先进行理性整合，然后再寻求感性突破的契机，从追求完整空间的静态和形
式的表达，转向激发观众在空间中动态的心理体验，由此探寻在理论和设计方
面的新突破。对于每一项设计都试图提出对应的唯一答案，并不断通过建筑实
践表达着自己对世界与人生的领悟。

建筑设计代表作：
北京SOHO现代城、深圳文化中心、中国石油天然气大厦、奥林匹克公园中心区
设计、"川"会所、"秀"吧、"旬"会所、"池"会所、"又见五台山"剧场等。

北京市建筑设计研究院有限公司艺术中心

BIAD ART由BIAD董事长朱小地先生领衔主持，他将多年来对城市、传统和艺术等领域的研究成果作为建筑创作的视野和基点，将观念性思考作为追求建筑价值的途径，形成建筑设计与当代艺术创作为主要功能的复合型设计机构。作品突出建筑的当代性和新锐艺术特色，强调建筑语言的实验性表达，力图以准确的建筑语汇传递建筑理念。

同时，BIAD ART与当代艺术界保持着密切联系与合作，参与高水准的展览和沙龙活动，结合设计项目组织更多的设计团队参与艺术交流和艺术实践，开拓创新思路，营造较浓郁的艺术氛围。

BIAD ART近期作品包括：通辽蒙文博物馆、通辽名人博物馆、又见五台山剧场、又见敦煌剧场、敦煌游客集散中心、前门东区旧城改造、天安时间艺术空间等。朱小地先生的艺术装置作品《方块字》参加威尼斯国际艺术双年展，当代水墨作品《清明上河图》和《心图》参加中意当代艺术双年展。

Q 作为导师、建筑师和企业家，这三个角色您更喜欢哪个？

A
　　每个人一生都会有自己的轨迹，我从建筑师走到了管理岗位，可能是自己的选择，也可能是社会对我的选择。行政管理工作看似非常复杂，但对于我来说，我得到的最大利益是能从更广阔、更高的角度看建筑问题。一个人不能简单拘泥于一个点，作为建筑师要能跳出这个圈子看建筑问题，如此能够找到最准确，最简单的答案。作为领导，时时刻刻想到的不是小我问题，是一个大的概念，拥有这种胸怀才能真正思考建筑问题；否则，只想着自己成功的道路、自己的作品，思路越来越窄，即使成功了，你已经失去创新的勇气，只能沿着自己的路子走下去。人贵在创新，贵在不断地超越自己。我非常热爱建筑，作为建筑师来讲，不仅仅需要专业能力，当代建筑师需要以下几方面的探索：①传统。建筑师要对传统的东西有研究，丢失传统，你无法锁定自己未来发展的方向。②城市。城市不是简简单单一个个房子的问题，没有对城市的研究，实际上你就没有价值判断。城市是让我们增强判断力、增强价值取向的问题。③当代艺术。建筑师均毕业于理工科，没有当代艺术的熏染，眼界不够敏锐，如果只是通过视觉转移，凭借视觉概念工作，那你能画出很漂亮的效果图，但是真正成为建筑师就不是那么回事了。画画是挑战你的视觉，其实这属于知觉，建筑师需要挑战知觉，把视觉转化成视知觉，这样你才能知道自己想要什么。这三点如果你没有涉猎，我认为你不可能成为真正的建筑师，或是比较全面的建筑师。改革开放30年以来，我们中国的建筑成果，实际上可圈可点的太少了，它处于盲从性阶段，看看别人喜欢什么我们便做什么，证明给别人我也能做，这样，再好的技术、再好的成果只能证明我会做，而不是为什么我做，这是当前建筑界普遍存在的问题。你做的建筑和别人有什么区别，为什么这个房子放在这里是独一无二的，这些问题没有考虑。若想让建筑打动别人，首先要打动自己。我们很多人看似很热爱这个行业，其实他的工作只是在重复，在浪费社会资源而已，建筑师需要转变观点。建筑行业是以建筑师为主体，你需要想到我为什么要设计，如果这个问题没解决，那我们就是建构了一个不切实际、没有把自我放进去的结构，便导致了上面谁做得好，我跟着谁做，所以我们出现了体制内和体制外。体制内，就是像我刚才所讲述的状态；体制外，建筑师们的想法不同，分道扬镳。体制内的建筑师很可悲，体制外的虽然我不认为都是好的，但是体制外的东西是有价值的，他们是在讨论建筑问题，而我们在回避真正的建筑讨论，看看我们谁能做东西，然后证明自己也能做，这不是建筑创作。

Q 在教学这方面，您有怎样的体会？

A 我希望能够更多地发挥我的作用，启发学生独立思考的能力，能够沿着挖掘内心价值的思路考虑问题。我们中国的教育，恰恰忽略掉了你的力量在哪里，怎么能体现个人的价值和独特的价值，这些只能从内心深处挖掘。每个人都有内心的内在结构，需要老师去开发，让学生们理解建筑师这个职业需要什么样的知识系统，这些事情是我非常喜欢做的。但是，这并不是一件容易的事情。通过简单的讲课，改变的机会太难了，我们需要有课程设计，但是这种机会很少。同时，作为建筑师在工作中要增加积累，对城市和传统必须有新的认识和研究，如果只是凭借学校的教育或者年轻时的视野去做设计，这样的设计深度不够。

Q 提到改变，您认为每个改变有没有节点？

A 改变这个事情很难得，也很宝贵。我个人具有多重身份——企业家、建筑师、教师，这恰恰是我的矛盾点。这些角色的价值观有矛盾，所以我在一个非常痛苦的状态下，这也是我改变的根源。痛苦促使我改变，使我思考如何把管理、教师和建筑师这三个问题提炼成一个问题。

Q 您认为未来中国是否会出现世界级建筑师？

A 我觉得出一些世界范围内的建筑师完全可以。要说世界级的建筑师，客观地讲，如果建筑师只是停留在形式上，而没有更多在思想层面去探索，那他不能成为世界级建筑师。若想成为真正有价值的建筑师，需要超越形式，走向精神追求，在传统层面有些建树。当前这些建筑师，特别是体制外的，基本上还是以西方的语言环境加上比较广的视野来做一些中国的项目。但是我认为，如果能够坚持下来，会有多大的进步。同时，在传统、城市和当代艺术层面，必须有所建树和了解，才能真正走出去。

Q 近十年来国内的建筑，哪些是您比较喜欢和欣赏的？

A 最近华黎做了一个小四合院改造，我个人比较喜欢；董功设计的孤独的图书馆项目，我觉得很有趣，有一定的功力。我自己的项目中，我比较喜欢的是2008年设计的"秀"吧，感觉那是我对传统建筑研究成功的案例。

Q 现在互联网已经在逐渐改变每个人的生活，这样的技术会不会影响我们以后的环境，您对互联网如何看？

A 真正互联网时代、全球一体化时代的核心问题是每个人都要有一个自己的ID，要有自己被识别的地方。我们不能简单地讲我们是中国人，这是一个比较传统的观点。互联网时代，每个人都要有独特性。这跟我前面的讨论相关，你们每个人都要回答：在互联网时代，你的价值和独特性在哪里？中国建筑师这个群体更应该考虑，我们不是趋同，不是变成一个整齐的整体，而是应该强调个性怎么去张扬，如何发挥出来。对于每个建筑师来讲，在互联网时代，我们都要有新的判断。这些问题和我们过去的传统意识并不矛盾，而是一个新的升华的问题。我们应该有新的基因进入到每个人，我们应该思考到底你的独特在哪里，对我们建筑来讲这是最根本的概念。互联网解决了大数据的概念，所以我认为，建筑师这个群体肯定在分化：一部分建筑师的价值被社会认可，走到了前面，有想法、有概念；一部分建筑师慢慢变成真正在互联网基础上工作的社会平台，从建筑设计到施工、管理整合在一起，有一定的黏性。你是被黏着在上面还是跳出来，就看他的黏性和你的张力之间如何平衡。

Q 您的思想比较独特，这些能力您是如何获取的，您平时会与哪些人交流？

A 我跟很多建筑师都是很好的朋友，比如王澍、张永和、马岩松、朱培、齐鑫等。我跟体制外建筑师的交流非常多，我现在在前门东区做的一个项目，基本上是跟国外建筑师和体制外建筑师合作。我也经常跟艺术家策展人交流，如果你没有这个概念，建筑师就像工匠一样，现代社会大家都可以抄来抄去，最终结果你只能是骗自己。

Q 未来十年，您会更多地考虑什么，最想做的是什么？

A 走我自己的路吧。人贵在思想的不断进步，思考对于我来说很重要。未来，我可能会将更多的时间放在思考、交流、看书和做一些实验上，比如水墨的实验，我不是单纯为了画画，而是通过这些实验，我可以思考如何能表达我的新东西。作为当代的一名建筑师，你必须要思考，对我来讲，思考是第一位的，第二就是有机会有好的项目也会去做。每个人存在于这个社会都会有自己的轨迹，会有自己的角色，但是对我来讲，每个地方都有艺术，其实如果善于总结，可以获得更多思想的东西，很有意思。

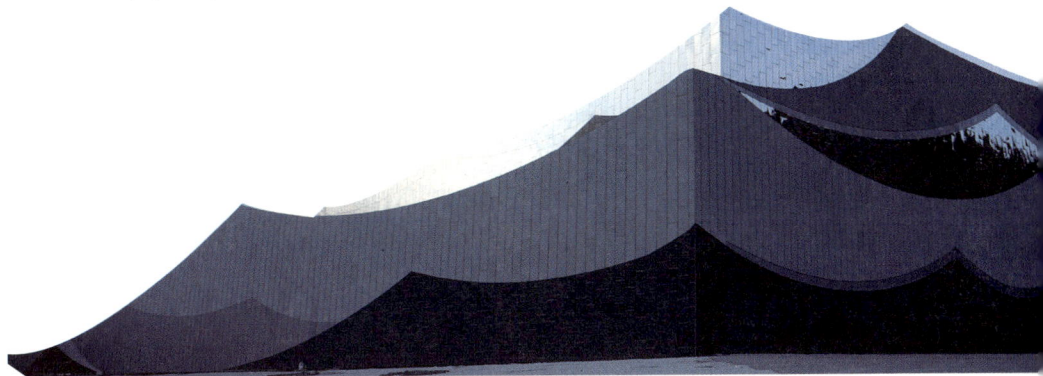

▌ 又见五台山

　　这是一个难言形状的建筑，这是一个正在消隐的建筑；这是一个可以聆听的建筑，这是一个可以对话的建筑；这是一个映照历史的建筑，这是一个展望未来的建筑。这不是一个建筑，而是一个启迪智慧的场所……

"又见五台山"剧场位于五台山景区南入口外、两座小山前的开阔场地上。由于大型情景演出的需要，剧场空间是一个长131米、宽75米、高21.5米的大空间。然而，当你走近它，你却不能完整地了解它的全部。它以730米长、徐徐展开的"经折"置于剧场之前，由高至低排列，形成渐开的序列，成为剧场表演的前奏。而剧场就成为了还没有或正在被打开的一本博大的经书。

"经折"和剧场均采用了不同材质的表皮，包括石材、玻璃和不锈钢等材料，通过这些材料的反光和透射的特点，将体量化解为不同尺度的起伏的图案，不同程度地映照着周围的景象，蓝天、白云、山峦、树木，也包括身处其间的观众，一切尽在似有与似无之间，极大地消解着建筑物的轮廓线，破解建筑体量对周围环境的压力。

　　每一页被打开的"经折"空间都是独特的，通过当代装置艺术的表现方式，展现了一个个与宗教有关的场景和表演。这一多重演绎的"经折"借助于中国传统造园的方式，运用空间秩序建构内涵丰富的精神场所，让观众在一场场跌宕起伏的"经折"之间驻足凝思，展开自己与空间、与情景之间的对话，从而激发出观众的心理体验和精神感受。场地当中一石一木的光影变幻，记录着时间的过往、生命的轮回，让人抛弃世间的杂念，开阔眼界和胸襟，感知佛陀的智慧。这不仅带来感官上的震撼，更多地将引发观者的思辨。

邵韦平

建筑设计及其研究领域专家，
教授级高级工程师，硕士、博士后导师

　　硕士师从于中国工程院戴复东院士，30余年专业工作经验，在大型公共建筑设计、现代建筑设计技术体系研究、行业管理与发展推进等领域，治学严谨、锐意创新、理念先进，回报了社会一批高质量的工程精品和影响深远的基础科研成果。主要代表作品有：凤凰国际传媒中心、首都机场三号航站楼（合作）、奥林匹克中心区下沉广场（中国花园）、北京CBD核心区总体设计及核心区 Z15项目等。

　　作为我国、北京市、北京市建筑设计研究院有限公司（简称北京院）等行业学术带头人，他担任中国建筑学会常务理事、中国建筑学会建筑师分会理事长、北京市土木建筑学会理事长和北京院技术最高带头人、首席设计总监、执行总建筑师、技术委员会主任，入选北京市新世纪百千万人才工程，积极坚持、指导落实专业学术理论的核心目标方向，以先进理念和技术带动了中国现代建筑设计的行业发展和水平提升。

UFo办公室毗邻北京紫禁城，是中国最重要的设计机构之一的北京建筑设计研究院的一个工作室。由邵韦平建筑师为主要领导，从事规划、建筑和室内设计工作。工作室成立于2002年，作品除了在北京以外，还有中国驻澳大利亚、印度使馆、联合国总部装修改造等全球性项目。工作室成立以来，获得了多项国际竞赛项目的竞标，并且建成了北京凤凰国际传媒中心、北京奥林匹克中心区下沉花园、北京国际图书物流中心等项目。

工作室以Un-forbiden的态度对待所从事的设计工作，打破了规划、市政、景观、建筑等专业之间的界限，在北京CBD核心区、奥体南区等北京市中心的综合体项目上统筹各项城市空间资源，力图探索一条城市均衡发展的建设模式。

UFo工作室在一系列公共建筑项目中，始终关注人与空间的互动，并且建立整体性的原则来实现从技术、材料到细部之间的连贯性。工作室在城市设计、城市综合体和复杂建筑项目上具有独特的经验。

Q "凤凰中心大厦"由莫比乌斯环而来的创意可谓是非常夺人眼球，它不同于中国通常意义上的广电建筑，这个方案是如何确定的？

A 凤凰卫视是在香港落地的一个民营媒体，其企业文化强调的是开放、包容和创新，虽然这种概念其他媒体也会有所涉及，但是凤凰卫视在这方面可能走得更远一些。建筑位于北京朝阳公园的西南角，基地条件十分优越。朝阳公园是北京中心区内最大的城市公园，而基地的北侧和东侧紧邻公园开阔的绿地和西北侧倾斜的道路让基地形成一个不很规则的平面。这样一个特殊的基地条件激发了创作的灵感。我们认为，常规的正交几何建筑形态可能与复杂、自然的基地形态产生冲突，特别是在这个基地的北侧有一组居民宅，当时很多居民都对这个项目有质疑，担心项目建设会对他们房屋的日照产生影响。因此，设计团队想到用一个柔和形态去适应不规则的基地条件，希望项目建成后，其对周边环境是友好的，同时能与周围的城市空间相呼应，创造出和谐、优雅的城市环境。

"莫比乌斯环"是一个经典几何学概念，它将一个长形纸条的两头反转之后连接起来，形成了一个有界无边的连续形态，如果有一个蚂蚁在纸条上行走，它将永无止境地走下去，体现了事物矛盾对立的双方彼此依存，并相互转化。它与中国太极文化理念异曲同工，与凤凰卫视所倡导的文化也有很强的关联性。这个形态与基地也能够很好地契合，并形成独特的造型，这个造型是独一无二的。当然，凤凰中心并没有将设计停留在概念上，而是利用先进的数字技术将概念不断地深化，让原本抽象的造型逐渐变得丰富起来，形成一个具有建筑学意义的全新建筑形态。

Q 您如何定义一个好的建筑？

A 真正好的建筑必须是一个具有完整设计逻辑的整体系统，包括自身对环境的回应、对使用者的关怀、结构体系、维护体系、配套设施等，所有的内容都应该是完整的关联创新，而不是各自孤立的存在。当然，再完美的建筑作品也都会有遗憾的存在，建筑艺术同其他艺术一样，没有最好，只有

更好。艺术永无止境。

Q　您如何评价中国的建筑师？

A　　　就现在中国总体来说，我们的城市建设取得了巨大的成就，建筑师在过去30年里完成了数量巨大的建筑实践。但是，数量巨大的建筑中，精品与原创的优秀作品比例并不高。建筑师的现状与建筑设计行业的体制有关，中国的建筑学科体系还不完善，建筑师对建筑控制的整体水平还不够强，自然会造成许多建筑上的遗憾。大家可以关注一下由福斯特主笔创作的T3航站楼，福斯特在建筑设计控制方面应该被认为是行业领先的，如何系统化地管理建筑、完成面怎么控制、整体建筑体系怎么构建……这里面有很多基础性的问题。这些基础性问题的关注代表了当今建筑的发展方向，应该去好好研究，这对建筑师的成长才会有直接的帮助。因此，我们需要把设计工作做得更深入一些，要知其然，还要知其所以然。

Q　北京市建筑设计院是与共和国同龄的设计院，是一所体制内的大院，您如何看待大院和合伙制的事务所？

A　　　现有的国有大院是计划经济体制下的产物，在城市建设中发挥过不可替代的作用。今年，随着市场的开放，设计市场出现多元并存的局面。当然，每一种机构类型都有各自存在

的理由与价值，大家做的是不同类型的项目，是市场需求选择的结果，大院有大院存在的理由，事务所有事务所存在的价值，很难简单地论高下。比如，大型机场的项目，没有大院是很难实施的，这在美国也不例外。我们在看大院的时候，不要用固定的眼光，认为大院就是缺乏活力和创新能力的，这些年大院其实也在发生天翻地覆的变化，比如北京院提出贴近市场、融入市场和引领市场，就是希望将我们的大院渐渐引向一个面向市场和具有市场化运作模式的大院，而不是原来那样僵化与效率低下的设计机构。工作室模式是大院向市场开放中过渡的阶段性措施，我们希望在未来的行业竞争中能够摒弃以往大院的缺点，同时把大院的优势发挥出来，这样我们就可以创造稳定的生存条件，将来一个有活力和创新能力的大院还是会被市场接受的。

Q 工作室是面对更加多变的市场环境下的产物，那么它与大院体制之间是一种什么样的关系？

A 这个问题也很难回答。总的来说，作为一个大的设计机构，它的发展还有很多不定因素。工作室只是一个过渡的措施，它是在现有的大体制还不能完全改变的情况下，在政策夹缝中尝试的一种模式，这里面有它的局限性。作为一个上千人的大院，作为一个院级领导不能光解决一个局部的问题，还要考虑所有团队都按先进模式运行的可能，才是合理的。在一个机构里面，有不同价值观的工作模式，其实并不是一种正常的状态。所以，我们希望通过工作室的模式来缩小和市场的距离，最终通过工作室的发展来带动其他设计部门来适应这种模式，形成一个统一的运行机制，来保证大部分产品符合北京院标准，这是我们最终的目标。

Q 北京市建筑设计院创办了方案创作工作室，现在它取得的成就和不足分别是什么？

A 我们比较满意的是，我们现在有信心与任何一个团队参与竞争，无论是院内的，还是院外的。同时，我们现在做的工作努力去贴近当代设计的价值观，符合现在的设计思潮，我想这是我们的变化。这里特别值得一提的是与境外顶级设计机构的合作，比如福斯特事务所和OMA，我们从中得到了很多收获。说到不足，当然是永远存在的，建筑设计行业的发展日新月异，无论是我们这一代建筑师，还是更为年轻的一代建筑师，都时刻面临着不断学习提高的压力。

Q 您提到过曾与福斯特事务所和OMA合作，您如何评价国外的事务所？

A 按传统思维，综合建筑设计院依靠自己的资源什么都可以做了。现在看来，这种万事不求人的模式已经落后了。高端建筑的设计是一个复杂的系统工程，它已经超出了传统的四个基本专业的范围，每个专业里面都细化出的许多新的分支要去研究，在经济不发达的年代，人们也许不会特别在意这些细节，但是在社会高度发达的今天，使用者会对这些细节变得越来越挑剔。福斯特作品为什么这么受欢迎，是因为他们的背后有大量高端技术专家的支持，库哈斯的作品也离不开大量顶级专业咨询团队的合作。一个顶级的设计是靠各类的专业人才共同努力来完成的，单一团队是不能解决所有问题的，如果没有分工精细的专业人员支持，很难呈现出一个特别完美的建筑作品。北京院已经认识到这个问题，所以只要是自身不具备的专业经验，我们都从管理上接受专项技术分包，我的工作室的工作更是这样，这种合作共赢的模式一定会是未来设计运行的发展方向。

Q 通常我们认为，结构设计是结构工程师的事，您觉得呢？

A 大家常常会认为，结构设计是结构工程师的事，但事实上要想创造一个成功的结构，需要建筑师、结构工程师，甚至其他工种的工程师的密切配合。以凤凰国际中心的结构外壳设计为例，具有空间自由曲面特征的结构本应由双向交叉杆件组成，为了创造独特的视觉效果，建筑师和结构工程师共同努力，提出了通过一个连杆将交叉杆件在垂直方向空间分离，从而为表皮构造提供了插入空间。实际上，我们将结构按照幕墙标准进行设计，为适应外壳的复杂造型，我们运用数字技术对结构进行精确的设计与加工控制。建筑师和结构工程师的共同智慧，使结构外壳表现出强烈的艺术效果，除了支撑作用，结构还具有雨水收集、遮阳和美学等多重功能。

Q　**数字技术现在越来越多地应用于建筑中，您是如何看待这个现象的？**

A　　数字技术极大地改变了人类生活习惯，数字技术也对建筑设计产生了巨大的影响，它让建筑师可以创造出前所未有的设计形态，借助电脑进行思维，建筑师极大地拓展了设计的可能。由于三维技术，使得所有的设想都能得到精确的控制，且不断地拓展延伸。在凤凰中心项目中，我们完全摆脱了传统意义上通过二维图纸的表达，通过数字模型进行精确的模拟与修正。数量巨大的设计需求都通过数据计算来进行推导和描述，从而可以在很短的时间内把这些单元的数据进行推导输出，这些输出的数据还可以进行持续的修改，并为后期物业运维与管理提供强大的支持。当然，数字技术无论怎么变化，影响多大，实际上建筑师的核心价值观并没有发生根本的改变。建筑的重力原则、场所与用户为先的原则，仍然是建筑师优先设计原则。

■ 凤凰中心

凤凰中心项目位于北京朝阳公园西南角，占地面积1.8公顷，总建筑面积7.2万平方米，建筑高度55米。除媒体办公和演播制作功能之外，建筑安排了大量对公众开放的互动体验空间，以体现凤凰传媒独特的开放经营理念。建筑的整体设计逻辑是用一个具有生态功能的外壳将具有独立维护使用的空间包裹在里面，体现了楼中楼的概念，两者之间形成许多共享型公共空间。在东西两个共享空间内，设置了连续的台阶、景观平台、空中环廊和通天的自动扶梯，使得整个建筑充满着动感和活力。此外，建筑造型取意于"莫比乌斯环"，这一造型与不规则的道路方向、转角以及和朝阳公园形成和谐的关系。连续的整体感和柔和的建筑界面和表皮，体现了凤凰传媒的企业文化形象的拓扑关系，而南高北低的体量关系，既为办公空间创造了良好的日照、通风、景观条件，避免了演播空间的光照与噪声问题，又巧妙地避开了对北侧居民住宅的日照遮挡的影响，是一个一举两得的构想。

奥林匹克公园中心区下沉花园

该项目位于北京奥林匹克花园中心区内，共有七个下沉式院落，设计要求体现中国元素。共有五家设计单位参与了这个项目，每家从不同的角度对中国传统文化进行了深入的诠释。七个近似的院落，由南至北形成层次递进的空间，如同北京传统住宅院落的纵向发展结构，体现了中国传统文化的意象。它们从不同的角度诠释了中国传统文化：一号院御道宫门，表现了城市开门的宏大场景；二号院古木花厅，拉近了人的尺度，让人体验地方民居文化；三号院礼乐重门，使人从礼乐活动中感受中国古老的文明；四、五号院穿越瀛州，在穿越隧道的前后过程中体会绿色瀛州；六号院四合院谐趣，展现了四合院作为公共活动空间的热闹场景；七号院水印长天，刻画了皇家园林中的传统运动场面。

　　UFo工作室负责总体规划与技术协调，以及一号、四号和五号院设计。

　　紫禁城和四合院是北京城的代表。在以往的等级社会中，它们被高耸的红墙截然分开。今天，随着多元、开放、平等、和谐时代的到来，红墙的禁止功能被交流功能所取代，这条难以逾越的边界开放了。宫城禁地和民间胡同相互融合，在奥林匹克公园里诞生出一个新的地域景观——开放的紫禁城。中国传统建筑的每一个单位，基本上是一组或多组围绕一个中心空间（院子）而组织成的建筑群。我们从围墙入手，将一个单个围合的院落纵向切开，再首尾相接，使闭合型变成开口型，再不断相接，将闭合的"禁城"转化为开放的"非禁城"，最终产生了无限开放但保持原始空间尺度和感觉的意象。开放的紫禁城，既保留了北京原有的意象，又通过红墙、灰墙重构了全新的动态空间，使人能从这个新的场所中体验中国的传统文化。

崔 彤

中科院建筑设计研究院副院长、
总建筑师、研究员

1962年出生，清华大学建筑学系毕业，建筑学硕士，全国工程勘察设计大师、国家优秀设计金奖获得者、全球华人青年建筑师奖获得者，享受国务院专家政府津贴。现任中国科学院建筑设计研究院副院长、总建筑师、研究员；中国科学院大学建筑研究与设计中心主任，教授、博士生导师；中国建筑学会建筑师分会理事，外交部驻外机构工程建议咨询专家，中国美术家协会建筑艺术委员会委员，清华大学建筑学院设计导师，首都规划建设委员会专家咨询组专家，北京大学建筑学研究中心科研建筑研究所主任，《科研建筑设计规范》主编，《世界建筑》编委，《建筑技艺》编委，《a+a中国建筑学会会刊》编委，《城市·环境·设计》编委，《城市·空间·设计》编委，《中国建筑文化遗产》编委。曾多次担任国家级及中国科学院重大项目的设计主持人和负责人，并获中国科学院创新先进个人，多个项目获奖，其中国家奖项5次，省部级奖项20余次。

崔彤·建筑工作室&建筑中心，作为设计与教育的两个平台，长期致力于研究式设计与研究性教育，逐步形成了设计实践、研究、教育相结合的工作机制。崔彤主张从研究入手、关注整体性、强调系统化，发展出从策划、规划、设计全过程的设计策略和方法，并认为设计过程比设计结果更重要；设计策略比设计方法更重要；设计思想比设计表达更重要。建筑创作关注于当下的空间景象和建构逻辑的呈现。

崔彤工作室所从事的项目以公共建筑，尤其是科教文化类的公共建筑项目为主。工作中带有浓重的文化研究氛围，同时保持着精益求精的技术精神。工作室人员规模保持在15~20人之间，人员架构处于灵活的状态，比起一个职业生产机构，更称得上是一处富有文化精神的学园。而这所学园会因为不时的快节奏工作而处于亢奋状态，团队的成员共同保持着一种紧张、专注、有趣的工作模式，同时也保持着精英团队的张力。

Q 请您谈一谈近年来您思考最多的是什么？

A 　　总结起来就是三件事：1. 教育；2. 中国；3. 建筑师，合起来便是我感兴趣的：中国建筑教育或者建筑师教师。我现在的身份比较混合，本身是建筑师，现在变成了建筑师教师，现在，无论是国内还是国外，逐渐出现了一个"建筑师教师"的群体。建筑师教师中很多人以前在设计机构工作，慢慢发现如今年轻人毕业后不会做设计。作为建筑师，我们需要反思，在培养下一代的时候，能否创造出一种有别于传统教育的新平台，培养出适应社会的人才。

　　四年前，我们成立了中国科学院大学建筑研究与设计中心，我们的办学特点是两段式，双导师，双学位。两段式，即第一年在校完成基础课学习，第二年和第三年到导师工作室学习；双导师，即校内导师和校外导师相结合，学生可以同时得到两位老师的影响；双学位，即两个硕士学位。我们现在正实行中英双学位计划（中国科学院大学和英国诺丁汉大学），硕士研究生一年级在中国科学院大学就读，二年级或者三年级可以去诺丁汉大学就读，毕业后申请两个硕士学位。我们提出研究式的设计和设计式的研究，即希望学生们做出的研究结果能够直接输导到设计中：如何研究设计，并带着问题去思考，提出研究的方向，并把研究成果逐渐演变成设计成果。这样研究与设计方式不是被动的，是混合起来的。同时，我们比较赞成向西方那些比较优秀的培养建筑人才的方式去学习，让大家一直有一种批判精神。我们的目标是培养有思想的建筑师，这是我对建筑教育的思考。

　　同时，我也考虑建筑师问题和中国问题。中国建筑将何去何从，这个问题我思考了二十多年，也有实践，但称不上体系，这件事是我自己终身追求的事情。

Q 我们现在培养的学生是否属于实践型人才？

A 　　虽然我们的建筑研究与设计中心刚刚成立不久，但是我们有很好的生源。去年，10名硕士生中有4名学生来自清华大学。论品牌，我们不敢和清华比，而是努力做小规模的精品教育，例如，我们经常会组织6位设计导师集体给学生授课，有意识地培养学生们在不同的声音中去判断，培养批判精神，让他们知道建筑成果本身就是有争议的。在研究生的培养方面，比较强调建筑设计实践，设计课程是最主要的课程，在总课程中大概占三分之二的比例。我们反对简单画图，而是强调设计成果一定要有自己的思想，同时，我们也注重设计过程，认为老师的作用是思想的参考，而不是把意愿强加给学生。学生毕业之后，我相信他们在这里得到的东西、获得的能量以及他们在未来的实践能力，应该会优于其他学校。

Q 我看了许多您设计的泰国曼谷中国文化中心的图片，建筑承继了中国经典的梁柱建构精神，并采纳了泰国殿宇密檐形态语言，将中泰两国经典建筑文化内涵融为一体。您当时的设计创意来源是什么？

A 　文化中心作为一种特殊类型的外交空间，属于政治建筑学范畴。设计之初，我想要达到的、呈现的结果是：在见到建筑时，并不想让人一下子看到汉唐风，但能够被人感受到汉唐气势；同时，泰国的朋友也能感觉到，这是泰国的建

筑，这就是我想要的层面。对于在异邦的中国文化中心，首先体现在为"活动者"提供一个吸引人的、渗透着中国文化的探访空间，它既不应该是强加式的，也不应该是简单复制出来的，而是在特殊的土壤中被培养出来的，并或多或少具有改良的特质，好像是中国的"种子"被移植到异国他乡存活后才显示出的活力。文化中心的建构也同样基于"生物学"的生存方式，并对当地的气候、环境做出回应。在这一过程中，不可缺少的环节包括生长、适应、改良、变异，其基因的改变是自我生存机能的调节，以便得到进化和重生，因此文化中心的建构其实在于场所的重构，包含着适应环境、改造环境和表达环境，这一过程伴随着谨慎"优选"传统文化的基因，在地脉与文脉的培养中，促进一种交融的文化。

Q 上海世博会中国馆和米兰世博会中国馆具有很强烈的中国元素，对于这两个中国馆，您有什么评价？

A 我比较赞同对中国文化的挖掘，也比较欣赏何镜堂和陆轶辰他们有勇气去实现一个没有屋顶的中国文化的诠释，总的来说，还是比较好的探索和方向，中国建筑师以前研究的过程中过多关注于形式、形态和符号。

对中国文化的研究，我个人会分成四个层次：第一个层次是符号和形态的研究；第二个层次是空间的研究；第三个研究是中国建构逻辑研究；第四个层次是建筑的意境。

中国的建构区别于西方的建构，西方是砌筑文化，中国是架构文化。研究中国建筑，空间建构和形态建构不可以剥离，在这个意义上，上海世博会中国馆和米兰世博会中国馆都起到了一定的里程碑的作用，这两个项目至少可以证明，我们在探索中国建筑方面对前两个层次有所突破。但是，真正实现中国建筑的复兴还存在很大的距离，中国的东西是源远流长的，是一辈子都难以完全吸收的。

Q 关于中国现有的建筑，哪些是您比较欣赏的？

A 要从精致化的角度看，五十年代留下的建筑是比较耐看的，建筑比例、尺度的精细化程度能够琢磨一下，至少对中国传统建筑的符号和形态方面，是严肃认真的。十大建筑中的任何一个都是经典之作，都可以看出老一代建筑师的工匠精神。一个好的建筑要与环境和当地历史文化相吻合，它从地上生长出来，搬了这个地方可能就不是好的建筑了，我们称作是环境观或者在地。好的建筑要符合场所精神，发挥它所具有的能量，给环境添彩。

Q 近三十年，我们国内的建筑师在不断地崛起，而且越来越精细化，你认为未来会出现在国际上比较有影响的建筑师吗？

A 我认为是有可能性的，建筑是用思想慢慢流淌凝固出来的东西，这段时间建设步伐稍稍放慢，大家都在深入思考，我们沉淀一段时间，这个时候才会出现"大家"，我相信会出现国际水准大师。但是，思考过程不可缺少，如果我们依旧沿袭目前的工作方法和思考方法，即使出现了偶发的国际大师，也不会长久，我一直认为中国会出现精致化时代和思考型建筑师，但如果大家对中国传统建筑的认知、对中国文化的认知、对地域建筑的认知不够深刻的话，可能还会有问题。

您现在接触的这些年轻建筑师，包括学院里的研究生和博士生，您觉得他们对什么比较感兴趣？

A

　　在大的方面，他们最感兴趣的是他们未来的生存和生活质量的好坏。对建筑的兴趣，好像并没有统一的标准，基本上大家还是比较倾向于西化的东西，流行的、时尚的东西是学生热衷追捧的。我们努力想激发大家对中国传统文化的热衷，有部分同学逐渐产生了兴趣，比如我们在谈空间的时间化和叙事性，用到了中国宋朝的一些绘画作品进行讲解，大家在这段时间之内对中国文化产生了极强的兴趣，但是我担心到了设计单位，这种热情会被现实问题击败，希望大家能够保持这种状态，再往下走一步，实现对文化的真正追求。这些是学生们所缺少的，他们的热情往往不在这里，很多人认为这是老朽的观点。

Q **现在大家都在谈论低碳环保，您在设计过程中对绿色设计理念有没有考虑进去？**

A　　有这种构想，但是我的观点相对保守一些。我比较赞成用适宜的技术，甚至是低技术，或者是建筑专业的办法来解决问题。如果是用很高的代价达成的绿色节能，

或仅仅靠高科技来解决问题就得不偿失了。建筑不能完全借助于高科技解决问题，建筑应该还原其本身应该具有的本质。

Q 很想更多地了解一下您，想了解一下您日常的时间是如何安排？

A   我属于比较笨的建筑师，现在基本是满负荷的状态，大部分的时间在做与设计实践和教学相关的工作。同时，还有一些公共的社会活动。由于时间关系，我自己的作品集还差最后一点无法完稿。我很希望能够留点时间给自己思考，希望未来能够把自己的时间安排得更合理。

北京林业大学
学研中心

学研中心位于林大校园的东南角，它的双重性表现在面对清华东路的城市表情和回应校园的亲和力，而更为重要的是它在"角部"的控制力以及重构校园秩序的新策略。

　　"U"形建筑以嵌入式的外部空间亲和于校园，构成一个静谧的"人文书院"。布局中南翼为院系综合办公楼，北翼为教学实验楼，东翼是阶梯教室及研讨教室，顶层布置了高端学子研讨及展览功能，地下1层作为一个特殊的功能单元，包括图书馆报告厅、展览等内容。

　　"U"形建筑限定了一个空间范围，构成内向性场所，同时朝外指向西侧校园。"U"形建筑在实现自身合理性的同时，成为林大校园东南角的收束而具有终极感，因此连接校园的东西轴线显得格外重要。西向敏感性，相对于其他三个面具，有独特的地位，这不仅在于它允许该范围与相邻的空间保持视觉上和空间上的连续性，而且在于人流动线由西而东。因此，西向界面在保持完整的同时，尽量划分适宜，以取得与校园尺度的一致性。

▎"书院"

作为轴线尽端的节点，是一个"空"的中心，正是由于教学空间之间的"空"所具有的"弹性"和"聚合力"，使得它成为区别于内与外的精神场所，在这样一个没有屋顶、三边围合、一边限定的方体空间中，东向的形态成为这个终极的要点，对于校园而言，它是一个有力的底景；"书院"的多重性最终被凝聚在升腾而起的"树塔"之中，空间的多层次变化和纵深感给这个有限的"空"以无限的想象。作为建筑的核心，"方体内院空间"不仅要体现出对知识的神往；更多阐释了人与自然的共生理念；自然作为能量源给予内院空间风、光、热的同时也铸就一个可以释放出自然狂野能量的建筑；一个依附于土地可以吸取营养的、一个新陈代谢可以茁壮成长的、一个不断的衍生可以进化的"空间"，在建筑果壳内孕育着一种生机在奋进的成长中构筑成栋梁。一个"发芽种子"演化为"树塔"，最终成为林大的精神图腾！

建筑风格选择了一条"中性"路线，建筑色调与主楼趋同，对外保持校园沿街的统一性；对内调和着红砖和灰砖的老建筑。均质化的竖向开窗和暖灰色的石材温和儒雅，隐约显现着精典校园气质。对外简约卓尔不凡，对内谦和包容。"十年树木，百年树人"是重构场所精神的基础，建筑形态在延续校园空间结构中，吸取了一种繁衍的力量，并建构了一个新的秩序化空间；纵横两条轴线控制了方正的体量，从两条轴线生长出沿街和内庭院的主入口，通过对自然律动的表达，借用分形几何学的手法创造出一种独特的形式语言。

▍泰国曼谷中国文化中心

　　"文化中心"作为一种特殊类型的外交空间，是中国文化传播和中泰文化交流的重要场所，它不可避免地要回答"中国化""泰国性"等问题。尽管"图像式""形式化"的语言是一种常用表征手段，但"标签"终归不能全面回答"中国化"问题。对于在异邦的中国文化中心，首先体现在为"活动者"提供一个吸引人的、渗透着中国文化的探访空间，它既不应该是强加式的，也不应该是简单复制出来的，而是在特殊的土壤中被培养出来的，并或多或少具有改良的特质，好像是中国的"种子"被移植到异国他乡存活后才显示出活力。

設計/建成: 2007/2012
地点: 泰国曼谷
建筑面积: 7656 m²

　　中国文化中心的建构也同样基于"生物学"的生存方式,并对当地的气候、环境做出回应,在这一过程中,不可缺少的环节包括生长、适应、改良、变异,正如同佛教进入中国和泰国被改良为不同"范式"的佛教。其基因的改变是自我生存机能的调节,以便得到进化和重生,因此文化中心的建构其实在于场所的重构,包含着适应环境、改造环境和表达环境,这一过程伴随着谨慎"优选"传统文化的基因,在地脉与文脉的培养中,促进一种交融的文化。

位于泰国曼谷的中国文化中心，由两组建筑单元错动连接成"Z"形体块，构成两个外部空间：一个外向型面向社会和民众的广场；一个内向型静谧的中国园林。建筑与外部空间的嵌套式的关系使之成为整体。庭院和广场与建筑内部空间的联系，通过内外空间不断地过渡与转化，形成具有"东方时空"理念的场所。

建筑形态通过水平密檐寻求中国古典建筑的相关性，正面的中国建筑形态特征体现在水平向的延展，侧面关注垂直向上的重叠，寻找与泰国寺庙建筑的相关性。而这一形态的根本出发点是对当地湿热气候的回应。

泰国曼谷属于低纬度热带气候，特殊环境也孕育了特殊的种群和文化。作为建筑的基本设计架构，"防雨""遮阳""通风"其实早已存在于林木之中。我们的设计程序是观察、发现，并选取最具生命特征的自然建构体；设计的方法论源于自然秩序而发展至辉煌的中国木构体系，重新还原给自然，在这个重构空间的过程中，中国式的建构体系在"进化"，仿佛于热带丛林中的造物，架构的空灵、悬挑技艺、生长逻辑，在这片温润的地脉中衍生出一股东方的豪劲。

获奖：
2015年全国优秀工程勘察设计行业奖一等奖
2016年中国建筑学会建筑创作奖金奖
北京市第十八届优秀工程设计奖综合奖公共建筑一等奖
首都第十八届城市规划建筑设计方案汇报展优秀方案奖

汪 克

一位执著而幸运的新中国建筑师。21岁设计的闾山山门令其一举成名、甚获殊荣。其后花了20年时间在中国、新加坡和美国三地，分别接受了中式、英式和美式建筑师职业训练，在中国建筑师群体中令人罕见地完成了符合当今国际标准的职业建筑师训练。在成为一个手艺合格的成熟建筑师后，汪克又出乎意外地"闭关"五年而没有着急出任何作品。其间通过《当代建筑语言》完成了自己对当今世界建筑发展趋势的观察和思考，通过《营建十书：走向中国建筑师全程业务》研发出与国际接轨的中国建筑师负责制（七阶段模式）。其后接受住建部委托，该书改编为《职业建筑师业务指导手册》，并于2011年起成为全国注册建筑师继续教育培训必修教材，开始全国推广培训七阶段模式。在看到因国情尚未国际接轨而导致七阶段模式不能立即落地后，继续探索。2012年通过腾龙阁项目实践，汪克再次成功推出RD+EPC模式，这一过渡时期的建筑师负责制实践模式，取得巨大成功。汪克作品还有贵州省博物馆，以及按照RD+EPC模式建设中的铜仁机场和南湖酒店等项目，值得期待。

汪克团队前身为1998年成立于北京的美国VBN建筑设计公司亚洲部，2005年获得建设部甲级资质后更名为汪克艾林建筑设计（北京）事务所。2009年更名为惟邦环球建筑设计（北京）事务所，并与清华大学建筑设计研究院联合成立城市与营建研究中心至今。经过14年锲而不舍的持续探索，汪克团队终于找到了一条适合国情的过渡时期建筑师负责制——RD+EPC模式。响应住建部鼓励设计事务所结构调整以开展EPC业务的号召，汪克团队经过三年多的痛苦和努力，终于脱胎换骨实现了结构转型。至今，事务所除了专业设计人员，还有专业管理人员、商务和法务人员。除了设计部、综合管理部和财务部外，还成立了PMO（项目管理部）、成本造价部、法务档案部、现场项目部和买手采购中心等职能机构。设计部除了建筑设计、室内设计外，还增设了配饰设计、产品设计、视觉设计等功能，以实现汪克提出的"A+"理念。至今，汪克团队构建了一个有机联系的作业平台，为首席建筑师全面统筹项目全程设计建造提供了强有力的支持和保障。具备了生产线整合、精准匹配、三大板块修复、大采购和设计管控等五大核心竞争力，为客户提供国际水准的建筑师专业设计和服务，创造出巨大的学术、商业和社会价值，是中国建筑师负责制的先行团队，是将中国制造转变为中国创造的践行者。

请您简单介绍下RD+EPC模式。

A
　　大家知道，EPC是国家大力推广的工程总承包模式的主要形式，是从中国引进的菲迪克条款发展而来的一种建造模式。任何一个从国外引进的先进理念，都要结合中国的现实情况，本地化后才可以落地。工程总承包也不例外，从1982年开始到现在，33年来一直在调整以适应中国国情。我现在做的RD+EPC模式就是将其结合国情并创新的一种尝试。这种尝试把千呼万唤的建筑师负责制结合起来，成为过渡时期的建筑师负责制的一种形式。众所周知，在国内实现建筑师负责制的难度很大，问题很多。整体归纳起来有几个方面：第一，设计费问题。这是一个非常艰巨也很现实的问题，建筑师在还没有证明自己前想要提高哪怕一个点都很困难。这个模式给建筑师机会。第二，授权问题。在现在的文化习俗下，你只收了少额费用，如何能够对业主100%的投资负责，他会存在担忧。如何解决业主的后顾之忧，RD+EPC模式找到了突破点。第三，时间问题。国际接轨的建筑师负责制设计周期太长，中国业主不能接受。RD+EPC模式规范、合理交叉解决了这个问题。

Q **您现在是从设计方案、装修到施工全部都涉及了，是这样吗？**

A
　　是的。从时间轴上看，我们是从头至尾，从空间轴上看，我们覆盖整个建筑内外。我们做的工程总承包，不仅包括土建、工艺设备、装饰装修等，而且包括家具、配饰、五金、灯具、装置和艺术品等，即交钥匙工程，业主拎包入住。工程交付后，我们会做回访。根据时间划分成三个不同的回访阶段：第一阶段，合同保修期内，每个月回访一次；第二阶段，工程保修期后10年之内，每年回访一次；第三阶段，十年后到建筑完成使用寿命期间，每五年回访一次。真正实现了住建部所提倡的终身制问题，也真正解决了谁对质量负责、谁对建筑负责的问题。任何一个问题从提出到解决都需要有基础，RD+EPC模式便是在工程总承包这种基础之上产生的。而现在的其他常规模式要做到这种终身制是很困难的。住建部最近出台了建筑工程五方责任制，可见政府的紧迫感。一方面看，责任落实到人，监管力度更大，很好；但从另一个方面看，责任方越多，就越没有人负责，又让人担忧。国际接轨的建筑师负责制，我们现在无法实现，而RD+EPC模式则有可能成为过渡时期的建筑师负责制，从而更加明确责任。将设计、采购和施工合并，我们同时承担多种角色，将各角色之间很难衔接的弱点最大限度最小化，突出综合优势。将一个被肢解的完整过程重归于完整。综合之后，我们承担责任的能力也增强了。

Q 您在建筑行业从业这么多年，您如何理解建筑师？

A 作为建筑师，其实就是两件事：一个是手艺，一个是灵感。建筑师的手艺，就是如何把你的灵感变成房子，是技术语言，要成熟需要一个漫长的过程。国外建筑师一般磨炼20年左右，我从业26年了，才盖出了我第一个严格意义上的合格的房子。可见建筑师的手艺很难。灵感就更难，是一个艺术问题，我们很难用公式来回答。为了回答这两个问题，2009年之后我本人及工作室有五年没有盖房子，而是开始探索自己的形式语言和技术

语言。我提倡大建筑观，提出"A+"理念（即"Architecture+"或"建筑+"）。过去几年设计的建筑主要突出可参观/展示性，有三大类型：①博物馆类。过去几年我设计了大概有八九个博物馆，例如云南省博物馆、湖南省博物馆、湖北省博物馆、珠海博物馆、贵州省博物馆等。大部分是方案，其中贵州省博物馆建成。还有一些博物馆延伸建筑，像规划馆和展示馆等，如盘县腾龙阁。这一类是我最感兴趣的建筑类型，因其具有最大的可参观/展示性。②机场和公建类。之所以业主来请我，其实是为他们都要求具有较高的可参观/展示性。这些建筑或多或少都代表了某一个地区的可观形象，反映了一个地区的文化特征，承载了更多的内涵在其中。③城市设计。这个跳跃有点大。曾经有朋友问过我：你做的这三类设计之间有什么关联？刚开始我不知怎么回答，只好说是兴趣。后来有一天我想通了，如果把我近三十年的设计全部串联起来后，会发现具有一个共同的特点——可参观/展示性。对于可参观、可展示的建筑，人们必然对其手艺有较高的要求。从而我也

开始研究手艺，慢慢演化出自己的技术语言，即RD+EPC模式。

2007年，我出版了《当代建筑语言》一书。从生产第一线的角度展开研究，宏观最近15年世界建筑的方方面面。从上千个建筑项目中选出具有代表性的两百多个案例，并实地参观走访了这其中的大部分。这对我后来做设计起到了很大的作用，也是在那个时候了解了技术转移。发现技术转移对当今建筑师的影响是决定性的。

Q 您刚才提到了技术转移，请您简单介绍下技术转移。

A 技术转移发生在1989年，苏联和东欧阵营解体，美国独大。爆发第三次世界大战的可能性，在慢慢地消解。自然，东西方阵营曾投入大量的人力、物力而开发研究出来的军事势能，也开始出现向民用转移的趋势，被称为技术转移。技术转移在建筑领域表现为三方面：第一，设计技术转移。例如，Gehry购买了法国空军的软件来设计他的鱼形结构，这是一个革命性的突破。第二，材料转移。比如以前专用于航空航天的钛合金，现在可以用于民用建筑了。第三，建造技术转移。CNC技术直接用于下料加工。艺术家是很敏感的，这些转移的技术来到建筑领域就造就了Gehry和Zaha这样的建筑师。

Q 在您从事建筑行业二十九年来，您如何看待您的职业生涯？

A 我的建筑生涯基本上可以分成三个阶段：第一个阶段是从1986年至1992年出国前的6年时间。年轻、灵感多、想法多、没经验，完全凭借一股热情在做设计。机会也很多，但是除了闾山山门外，其他都盖得不好；第二个阶段是出国后至2007年，虽然长达15年且后来也在自己开业，但我还是把这段时间归类为实习期。此时，我懂得建筑师的成长需要一个较长的过程，需要一个积淀期。自己必须度过这一个不可跨越的过程，而不是回避。在这一阶段我主要锻炼手艺，研究房子的构造，研究如何把房子建造好；第三个阶段，严格讲是2012年之后（差了五年，是因为之前五年我没有建造），我开始逐渐成熟，慢慢找到了自己的方向。以"A+"为旗帜，围绕可参观/展示这个核心，我很幸运正走出一条具有自己特色的道路，并将通过我的建筑作品把它表达出来。

Q 您详细地讲了您的经历，也提到您在通过您的建筑将您的理念表达出来，那么您觉得我们中国的建筑是如何体现的，什么样的建筑可以称得上是一个好的建筑呢？

A 我认为中国的建筑实践具有非常强的独特性：第一，中国疆域辽阔，建筑量大，多样性强，但建筑居然千篇一律。第二，政府的控制超强大，但还没有建立合乎建造原理的从业规范。第三，古建传统卓越，但是至今严重断裂。现实情况下实行建筑师负责制很难，也有很多业内人士认为这件事跟中国无关，根本不能想象还可以这样去做。但是，纵观历史和社会发展，这是大趋势。毕竟全世界的建筑界大多都采取建筑师负责制。特定条件下上述问题也许可以变为优势。如果RD+EPC模式这个方向可以走下去并取得成功，我会这样来定义中国好建筑：首先，品质与欧美的一样好；其次，欧美还没有这样的建筑。要品质好，就需要我们的建筑师向中国制造学习，踏实做出全球质量最好的产品。

同时立足于中国的生产特色，加上中国的文化特点，只要我们在中国真正做到全球品质最好，就一定是独一无二的、欧美没有的好建筑。

Q 您看过这么多建筑，有没有什么建筑能打动您？

A 如果是问国内的建筑，这个问题对我有一些难度。一是了解得还不多，以后计划多走走看看，以增加了解；二是现在国内建造出来能够感动人的作品的确很少。不过已经看到一些希望，时不时会不经意看到一些年轻设计师的作品，虽然还很稚嫩，但我很喜欢。希望他们坚持下去，假以时日，一定可以设计及建造出很出色的作品。

Q 在现在这个环境下，您对中国建筑师未来十年的发展是如何判断的？

A 对此我比较乐观。首先，如同互联网一样，国外建筑大师在国内普遍水土不服，从而给我们中国建筑师提供了机会，减少了很多很大的竞争压力；第二，少年中国一定会走向成熟，会逐步变成青年中国或者中年中国，也就是成熟的中国。今天的中国是一个有着古老记忆的年轻国家，建筑学是引进国外的学科，实践也很短，行业很年轻。自20世纪20年代开始，有一批留学归来的建筑师和国外建筑师开始职业实践，此时建筑学作为学科也开始出现在大学中。但是，随后而来的战争导致这个学科和实践停滞。50年代至80年代之间，我们开始搞乌托邦实验，也间接阻滞了建筑行业的发展。80年代以来，过度的商业化实践对建筑师行业损伤很大。时间短等诸多不利造成整个行业至今还处于比较幼稚的阶段。然而，当社会发展到今天，现在年轻建筑师所处的社会环境要优越了很多，身上的包袱很少。像RD+EPC模式出现后，也让他们走更少的弯路。所以未来十年，我预期应该有一批年轻建筑师会成长起来。当然，我们中年建筑师也有机会，甚至更好的机会。因此，我对未来充满信心，甚至有一种感觉：只要持续实行建筑师负责制，未来全世界最会盖房子的人一定有中国人。中国建造会像中国制造一样雄视天下。

Q 请问最近有什么新情况？

A 　　8月公司已搬到清华建筑大厦。应清华之邀与其合作两件事：①与清华建筑学院庄惟敏院长联名研究RD+EPC模式，并正式命名为"清华惟邦营造法"；②与设计院二所共同转化运用上述研发成果。

阎山山门

给汪克带来前所未有的辉煌的作品，是阎山山门。这个作品于1986年设计，1987年动工，后入选20世纪80年代优秀建筑作品，而且还被选作《八十年中国优秀建筑》的封面，那个时候汪克年仅22岁。这个作品还代表清华大学到国际上参展，这是汪克的处女作，是他第一个盖起来的房子。

这是一个坚持的结果。山门在设计之初，被认为是离经叛道的，因为20世纪80年代中国刚刚改革开放，大家还很保守，认为这个项目步子大了点。"这个项目从头到尾都是在压力下做的，方案出来老师都不接受，认为概念好，但是不适合。我左思右想，就喜欢这个，做成别的没有兴趣。"

冒险以及触动人心的设计

　　从这个案例中汪克得到一个心得：做设计有时候需要一股劲，喜欢了就要去冒险。他认为，阎山山门这个项目决定了他的一生。"我坚持，老师也有点懵了，觉得这个学生怎么这么怪。当时有个老师说，汪克这小子玩世不恭。"

　　这句话放在20年前，就好比说一个人人品有问题，汪克为此难过了很久。有天晚上，他一个人在空无一人的教室里画图，突然想通了："我从早到晚都在疯狂地做设计，我比谁都辛苦，没有功劳也有苦劳，这叫玩世不恭吗？所以就此放下包袱了。"

方案完成后给甲方汇报，没想到甲方很喜欢。在这个设计中，汪克的"喜欢"代表以下问题：是否可以不做一个清朝的大门、辽代的大门，而做一个二十世纪的大门？能否体现时代的材料特色？并一一回答和解决。这个后来被汪克笑称为"上帝打瞌睡时产生的偶然之作"，在今天看起来仍然显得前卫而经典。闾山山门在造型上虚实结合，材料用的是钢筋混凝土人造石材，悬挑11米，这是古代的技术无法做到的；而且材料还用了素混凝土，利用其流动特性做出了设计师想要的造型和肌理，出来之后大家非常喜欢。

汪克很欣赏柯布西耶的那句话：你在摆弄形式，你只是在愉悦自己，如果某天你摆出某个建筑，触动了别人的心弦，感动了别人，就是建筑师的成功。"通过这个作品，我感受到了创造的神秘，同时领悟了真谛。"有位摄影师在拍方案模型照片的时候对汪克说，一个白色的模型，能拍出黑白灰来，真棒！这是汪克在清华大学毕业前听到的唯一的表扬。"这句话对我一生都有影响，这样的事情在过去20多年里发生过很多次，尤其在不顺的时候，但是在最关键的时候，都会碰到一两个人说起这个项目，让我想起那段经历，发现坚持的重要。"

腾龙阁

名字的由来：

龙头：腾龙阁，龙身：藏龙林，龙尾：舞龙桥

时任陈少荣书记在现场有感而发，并题写匾额。

环境融合创意在选址时产生，在实施过程中深化、完善。潜龙外观创意和"起承转合"空间创意在方案及深化设计中产生。耐候钢板外墙材料使用创意在方案创意中诞生，在与幕墙厂家研究过程中深化、完善。地道风被动式生态系统研发在土建实施过程中完善。银杏主体装置艺术品创意诞生于空间设计过程，在7/9目标中实现。巨幅灯箱展板研发在展陈设计时开始，在大采购过程中突破，在7/9节点初步实现，整改中完善。超白玻璃运用研发、入口挑檐下银杏图案单板及景观创意在7/9目标中不能实现，就纳入FCP最终完成计划中进行。

可参观/展示点：

起承转合——"什么是今天的中国好建筑？

第一，品质与欧美一样的好建筑，

第二，欧美还没有！"

陆轶辰

本科毕业于清华大学，后工作于建设部建筑设计院、非常建筑。于耶鲁大学获得建筑学硕士学位。曾获得日本文部省平山郁夫奖一等奖、耶鲁大学罗伯特·艾伦·瓦德优秀设计奖、耶鲁大学弗兰克·盖里工作室弗莱德曼设计奖提名。2006年，获日本"新建筑国际住宅设计竞技大奖"一等奖第一名；2014年，获德国设计协会该年度标志奖；2015年，入选美国《建筑实录》评选的全球设计先锋。

曾于洛杉矶弗兰克·盖里事务所及纽约斯蒂文·霍尔建筑师事务所任项目建筑师；2012年，陆轶辰于纽约创立Link-Arc建筑师事务所，同时于清华大学美术学院任副教授。2015年，陆轶辰代表清华大学所主持设计的意大利米兰世博会中国馆在意大利米兰正式对外开放，该馆是中国第一次以独立自建馆的形式参加在海外的世博会。

Studio Link-Arc是一个位于纽约的国际化建筑设计团队。"Link-Arc"的名字来源于我们合作的本质与使命——通过链接多背景多角度的信息、人才和智力资源，与来自不同地区、不同领域的设计师一起进行城市规划、建筑、空间艺术、景观环境的多样化策略咨询与创造。

我们的设计涵盖了各种尺度的创新性的项目。我们将建筑与基地的关系视作建立新场域、新自然、新秩序的机会，以对相关语境和具体元素的研究为驱动，揭示项目的独特本质，并由之推进概念演化与空间塑造。我们希望在我们的标准之下诚心琢磨的设计成果具有特有的质量，能够为它的观众提供不同的想象和解读的空间与维度，为它的使用者创造静谧之乐。

我们以开放的心态来面对每个项目。我们主动的综合项目中相关的甚至是限制性的因素，包括预算、结构、材料、建造系统的组织与工艺流程；基于团队的专业知识和能力，我们将这些因素有效地整合，更好地引导项目的方向。自由灵活的态度使得我们能够积极地应对来自社会、经济各方面的影响，从而实现更大的建筑设计完整性。

我们的核心工作方法是一种愿意接受质疑的模式。吸取了不同文化与语境中的优势，我们将建筑视作一个源于生活而高于生活的存在，一个充满批判意识的乐观行为。我们坚信更为广义的建筑学可以创造属于这个时代的睿智、有魅力和价值的建筑，并以新的交付方式完成。

Q 在您看来，中国建筑师、美国建筑师和欧洲建筑师有何不同？

A 美国和中国有很多相似的地方，欧洲和中国的差异很大。在美国和中国，整个建筑行业受到政治和房地产开发商的影响会比较大，大量的项目都属于开发商或政治类的项目。中国的开发量是最大的，类似于美国几十年前。而欧洲的建设在20世纪基本已经完成，除了柏林、伦敦等个别城市之外，大多数城市没有太多建设量，建筑师大量的工作是小型的改造和文化类项目，这种项目设计周期长、投资高、设计精度高。从这方面看，中国的建筑师和欧洲的建筑师完全是在做两件不同的事情。比如，米兰世博会中国馆的项目4000多平方米，我们总包，一个工作了15年的人称这是他做过最大的一个项目。欧洲的设计师除了做设计之外，更高度关注材料和细节方面。总包公司聘请大量的建筑师，配合事务所做二次施工图、节点图。而中国的施工方是纯粹施工，他们的体系不一样。中国一直在模仿美国的模式，因此不管建筑师职业的考核，建筑师在整个工程中的作用。

Q 中国馆在米兰世博会属于第一大馆吗？

A 中国馆是米兰世博会的第二大馆，第一大馆是德国馆。

Q 据我了解，相比中国的建筑师，国外的建筑师拥有很多权利，那您对这个问题有什么看法？

A 的确如此，而且很明显，这点其实很大地制约了中国的建筑师。比如，当时设计中国馆总包的合同里并没有写所有的材料和节点必须建筑师审核，当时我很焦虑，但是到意大利后你发现，这件事情即使你没有写在合同中，也是必须执行的，已经是大家默认的一个行规了。美国的AIA规范中也写明，业主在项目中只是投资方，他不能决定任何有关设计的东西，在意大利，我们也同样发现，即使有些东西没有被写进合同，但是总包和我们配合得很好，所有的东西都需要我们签字后，他才开始订货、下单等。虽然最后由于时间、造价等问题，变成了类似中国的情况，但是整体来看，他们的底线还是要高很多。我们在中国做工程经常会遇到的问题，如施工方偷换物料等，这种事情在意大利属于违反了行规，以后你也就很难在这个行业里立足了。所以就这点看，美国建筑师和欧洲建筑师所拥有的权利很多，设计师控制的范围更大，如果有需要修改的地方必须要通过设计师确认，这属于不同专业的问题。

Q 国外建筑师做的方案拿到国内，需要国内的团队来实施，在欧洲是不是也是同样的情况？

A 一样，但是也有区别。欧洲和日本很像，他们会把建筑师的施工图根据当地的规范和材料重新绘制，因为建筑师并不完全是在做施工。关于材料与材料的衔接，总包有他们自己的倾向，他们重新绘图后发给建筑师审核，直到最后大家确定。但二次施工图的模式在中国是偏弱的。我们事务所也属于境外事务所，在国内做项目，我们只能做到扩初，但按照美国规范绘制出的扩初图比中国行规里的施工图要精细很多。我们在美国画米兰世博会中国馆，意大利这边在画二次施工图，反复琢磨，所以一些节点要比在中国做的节点精细很多。所以就这点看，两个是非常不一样的系统，一个出精品，一个出量。

Q 您认为中国建筑师，美国建筑师，欧洲建筑师的思维方式有没有差异？主要在哪里？

A 对于中国建筑师，我只是接触到了一部分，而且这几年中国的建筑师变化很大。我感觉建筑师差别的原因：一是教育的方式上，二是整个工程对他的要求上。因为中国、

欧洲和美国的教育以及工程要求不一样，从而导致中国的建筑师更偏工程，他们更像工程师。很多有经验的建筑师，他的经验不是在设计方面，而是在如何解决大工程的协调方面，所以这是中国建筑师最牛的地方。中国建筑师一辈子做的工程量可能相当于欧洲一个事务所的工程量。欧洲的建筑师从小看到和接触到的东西不一样，优于美国和中国，即使他们没有项目或者项目很少，但他们在学校时画的图就很漂亮，做的东西就非常美，直到他最后做施工，或者有机会做实践，他的每一根线都是很漂亮的，线不仅用于解决工程问题，还要解决审美问题，所以从这点看，他们更像艺术家。但一旦工程需要解决大面积的建造问题时，他们没办法解决，这是欧洲建筑师的特点。美国建筑师分为两种：因为他的教育和实践是脱节的，一部分建筑师在学术方面很强，他们领导着全世界的建筑理论；另一部分是实践建筑师，介于欧洲和中国之间，他们既有工程上的经验，同时设计上面还有一定的标准，他们能做大型的项目，能够完成业主的要求，同时还有一定的审美在里面，不至于太工程化。

Q **您未来的事业会向哪个方向发展？**

A 　　至于做什么类型的东西，取决于未来的项目。如果项目主要在中国，我不能不兼顾工程和尺度上的一些问题，可能要稀释一点对建筑师极致精确度的要求，否则你没有办法在中国坚持下来。现在我们也在对接欧洲和美国的不同项目，如果都兼顾的话，我可以同时尝试不同的尺度。在中国，我更关注城市问题，更关注房子能不能解决人们生活的质量问题；在美国或者欧洲，我可以再多一些对建筑学本身的纯粹的追求。

Q 您最初在美国做公司时会有不适应的地方吗？

A　　没有。成立事务所时，我已经在美国工作五年，学习期间，我也曾去不同的事务所实习。我最后一份工作是在Steven Holl建筑师事务所，虽然名气非常大，但事务所里真正做设计的也就四十人左右，这种规模在中国属于小型的，在纽约属于中等偏上的，我认为这种模式是可以借鉴的，学习如何运作一个项目。

Q 在美国的建筑行业，很多建筑师水平很高，但是项目少，作为一个国外的事务所在纽约，您跟他们之间存在竞争吗？

A　　我和他们是不同的。纽约成立五年之内的事务所不可能有十名员工，而且项目肯定是以展览和室内设计为主，所以微小的年轻事务所的负责人都在学校任教，同时做一些室内设计的项目，这样基本上可以维持公司的正常运转。我的事务所成立初便拿到一个中国项目委托，人员配置上也要多于其他事务所。起点不同，所以不存在竞争。同时，我们做中小尺度的项目，与大型事务所之间关注的点不同，也不存在竞争。

Q 您在美国读书、工作、成立自己的事务所，与同龄人、留美学生相比，您的成长是很顺利的，您认为您是一个幸运儿吗？

A　　我的成长经历还是比较顺利的。与大多数美国留学生的区别是，因为我出国前在国内有五年的工作经验，因此我知道自己未来的需求点在哪里。大部分学生在假期时会参加学校的program，而我会去当地的事务所实习，我会观察美国的明星建筑师是如何做中国项目的，所以这些让我学到了很多。如果选择学术类的事业，将是另外一种方式。但就我个人的立场来看，我认为实践是建筑师最有意思的部分，当创造力被落实到项目的时候，你会拥有很强的成就感。

Q 您的事务所一般情况下会同时运作几个项目?

A   一般是两三个项目同时进行，太多，我们无法承受，这也是我为什么没有马上在中国成立分公司的原因，因为我不想被迅速地同化掉。

Q 您现在身兼事务所老板、建筑师、清华大学教授于一身，您自己追求的人生终极目标是什么?

A   实践是最有意思的一个地方，事务所是一个让我们的实践能够落实下来的平台，这就是一个宿命。对于我来说，有意思的是教学，学生总会有一些很新的想法，有一些生动的活泼的有生命力的东西，跟他们在一起，我从他们那里看到很多有生命力的东西，帮助我坚持下去做一些实践上的事情。

Q 这个行业中，是否有把家庭和工作平衡得很好的例子?

A   肯定有。每个人看待事情的角度和出发点不一样，每个人对幸福的理解也不一样。我觉得大多数还是平衡得很好的。只有很少数的高端建筑师已经把生活和工作融为一体。

Q 您觉得年轻一代的建筑师喜欢谈论其他东西，是属于放松状态，还是注意力在转变?

A   他们的注意力的确在转变，尤其在大城市，比如上海同济、纽约、哥大这些圈子，学生的注意力转换得很快。我曾经写过一篇关于70后的文章，文中我将中国、美国和日本的70后进行了对比。现在国际知名的建筑大师，他们属于美国婴儿潮之后的那一代，70年代大学毕业，80年代作品被世界认识，90年代世界经济蓬勃发展时期他们拥有建造机会，如日中天。而70后刚好是这一代人的学生，他们身上有很强烈的老师的影子，但是他们的建造机会又不像明星建筑师那个时代那么多。

    这一代建筑师需要身段更柔软一些，需要知道如何综合各方面力量来实现自己的建筑夙愿。全世界经济浪潮下，尤其是中国，由于政治和经济的力量很强大，建筑师的力量已经萎缩到了学术圈子，学会做相对小的事情，比如做室内设计，也有建筑师变成媒体人或服装设计师。同时，运用建筑学和美学理论可以做很多不同事情。

Q 您对建筑之外的事情感兴趣吗？

A 有很大的兴趣。米兰设计周邀请我们设计一套家具。因为米兰世博会中国馆是木制的，所以我想利用木头和中国的榫卯结构做一套家具。

Q 您对建筑师做产品有什么想法？

A 苦了一点。可能跟市场衔接会有一点问题，因为建筑里品质最好的设计往往是没有附加的东西存在的。

基地面积：4590 m²

建筑规模（面积）：3500 m²

设计/建筑完成时间：2013—2015

2015米兰世博会中国馆是中国首次以独立自建馆的形式赴海外参展的世博会场馆，其设计理念来源于对本次米兰世博会主题"滋养地球、为生命加油"及中国馆主题"希望的田野，生命的源泉"的理解和思考。建筑师在面对场地南侧主入口和北侧景观河的两个主立面分别拓扑了"山水天际线"和"城市天际线"的抽象形态，并以"loft"的方式生成了展览空间；最后在南向主立面上，推出3个进深不同的"Deep Facade"，形成"群山"的效果，以此向中国传统的抬梁式木构架屋顶致敬。

通过将主体建筑从地面景观上抬起，中国馆为游客提供了对"希望的田野"的多重观察角度。中国馆场地是一块南北向纵深的基地，游客由场地南侧的田野景观缓缓拾阶而下，"浸"入一望无垠的"麦田"景观，由中国馆东南角不知不觉地进入建筑内部；伴随着展览内容的深入，观众由大坡道来到位于建筑二层核心部位的平台，回望楼下，映入眼中的将是由22 000根LED"麦秆"阵列出的变化的巨幅图像；影音厅位于二层流线的尽端，空间形态体现着平面和剖面布局中的巨大张力；位于影音厅外、漂浮于大坡面上的廊桥使得室外的景、自然光和新鲜空气可以自由地进入内部空间；观众随廊桥穿插回室内，高耸的胶合木结构屋架构成的出口区为观众提供了极具纪念性的空间体验。

为了实现轻盈的屋面并满足大跨度的内部展览要求，中国馆创造性地采用了以胶合木结构、PVC防水层和竹编遮阳板组成的三明治开放性建构体系。作为中国传统建筑文化的一个当代表达，中国馆采用胶合木与钢的混合结构来实现大跨度的展览空间。屋面主体结构由近40根南北向的结构檩条（Purlin）和37根东西向的异型木梁（Rafter）结合组成，其形成的1400个不同的内嵌式胶合木节点是结构设计与施工工艺的完美结合。

位于屋面最上层的是由竹条拼接的板材所组成的遮阳表皮系统。75%穿孔率的竹板，为中国馆减少了屋面上的直射光和室内的反射强光，并在夏天为室内提供阴凉；同时，在建筑立面上又尽可能地取消了建筑幕墙，让充沛的自然空气进入室内空间，减少电能的消耗。光线透过竹编表皮漫射进中国馆室内空间，在PVC表皮上布下了斑驳的投影。建筑师希望通过这个造化自然的"空"来表达属于中国的空间品质。

贵阳会所

Guiyang Membership Clubhouse

位于中国南方密集住宅小区的中心，贵阳会所的设计首先要创造的不是建筑形式，而是建筑得以呼应的场所——一个镶嵌在景观中心的椭圆形映水池。通过调整室内地面相对室外湖面的高差，空间中的人与湖面的相对关系不断变化，为此产生了独特的空间和视觉体验。一层天花板被保持在一个恒定的高度，进一步强调空间中地面高度的变化。

在建筑内部空间设计中，每个体块重叠的区域嵌入了一个通高空间。这些通高空间的墙面隐藏了支撑建筑的钢桁架，创造出内部无柱的空间，进一步提升了空间品质。建筑表皮的灵感来源于竹林，使用了以疏密线条相间为肌理的图案，为室内空间遮阳。在一些特定位置表皮被去除，结合室内通高的幕墙，使室外人工湖和景观园林的景色一览无余。

马树新

北京清润国际建筑设计研究有限公司总经
理、北京修实公益基金会副理事长

1968年出生，国家一级注册建筑师，清华大学工学硕士，北京清润国际建筑设计
研究有限公司总经理，英国皇家建筑师协会会员，《建筑师》编委，《a+a》《建
筑知识》编委，北京修实公益基金会副理事长。马树新的研究方向是钢构传达木
构神韵。其硕士论文《钢结构建筑的形象构思与技术表现探讨》获得清华大学优
秀硕士论文奖。2001年在南京奥林匹克体育中心国际竞标中获得第一名。2004
年被《新地产》评为中国最有影响力的100位建筑师之一。2005年创办北京清润
国际建筑设计研究有限公司。十年风雨，十年坚守，十年磨砺，十年成长。目前清
润国际已是中国知名设计机构之一，作品遍布世界50多个国家和地区，并与《中
国建筑教育》、中国建筑工业出版社、全国高等学校建筑学专业指导委员会联合
创办《清润奖》大学生论文竞赛，为中国建筑教育贡献了一份力量。

清润国际

　　北京清润国际建筑设计研究有限公司成立于2002年，是较早进行混合所有制机制探索的综合性设计机构。拥有建筑工程甲级与风景园林乙级设计资质，员工120余名。10余年来，清润国际以清——清以修身，静观求自在，润——润以养心，内观尚上品为企业文化；以实干、尽责、严谨、创新为院训；以柔性管理下的扁平化组织为依托；在激烈的市场竞争中，不断胜出，完成了数百项工程设计工作，作品遍布中国与世界多个地区。清润国际主要从事策划咨询、规划设计、建筑设计、景观设计、室内设计、工程总承包等业务。致力于为设计师搭建一个有尊严的设计平台，为业主提供超预期的全程服务，努力推动业主的成功。

Q 请您谈一谈您眼中的中国建筑师身上存在哪些枷锁？

A　　中国建筑师确实和国外建筑师有很大的不同，这是有历史渊源的。法国国王佛朗索瓦一世待达芬奇为上宾，400金币购买《蒙娜丽莎》的故事家喻户晓。而中国建筑师可能连名字都留不下，若有幸见到皇帝，也必须马上跪下叩头。另外，中国不重视建筑史，直到1946年，梁思成先生的《中国建筑史》出版，中国才认知了自己的建筑史。所以从几千年的历史长河中看，中国建筑师身上普遍存在着多重枷锁。现阶段，中国建筑师身上的枷锁有所减少，但无论是自己内心的心灵枷锁，还是外界给套上的枷锁，依然没有多少被打破的迹象，这两种枷锁从深层次讲是同一个根源。具体体现在：第一，奴性。其实奴性是中国人普遍存在的问题，鲁迅对此有深刻的认知，例如，缺乏平等精神、无独立思考能力、对权力的顶礼膜拜等，我们却大多浑然不觉，或已经习惯成自然。由于建筑师工作的特殊性，往往和强势的人打交道，又要糊口，所以表现得尤为明显。第二，人文学科的修养不够。我们过度追求物质文明，慢慢淡化了精神文明，从而创作出的作品缺少灵性。许多业主和评委也会首先淘汰掉有些灵性的方案。第三，我们对自己的传统文化没有真正的认知。春秋战国的百家争鸣中，是看不到奴性的。《易经》中

也是看不到奴性的。唐朝的古建博大浑厚，天人合一，身上尽是枷锁的建筑师是不可能建造出佛光寺大殿这样的杰作的。如果你没有真正了解中国文化，就不可能体会到她真正的美。中国文

化是非常优秀的人类文化，我们应该有文化的自信。修养和自信才能卸掉心灵上的枷锁。同时，我们对自然缺少敬畏心，人与人之间缺少契约精神，这是我们这个社会，也是中国建筑师迫切需要解决的问题。

近些年来，我追随自己的内心，做自己喜欢做的事情。以心灵觉醒为导向进行建筑设计，试图打破建筑师身上的枷锁。

Q 日本的寺庙，多见唐朝时代风格。上海郊区龙华寺扩建改造时，我们特别派了考察团去日本考察和学习唐朝风格。那么，在您看来，日本是不是把中国唐朝的文化保留延续得很好？

A 是，也不是。是，日本建筑史家普遍这样认为。也不是，是我的看法。就像我们从印度把佛教引进来时，我们将印度佛教建筑进行了改良。同样道理，日本引进中国文化时，也将中国建筑文化进行了大规模的改良。真正的日本文化和中国文化还是不一样的。拿五台山佛光寺和奈良东大寺一比，就看出巨大差别了。

Q 王澍先生是一个非常讲真话的建筑师，按照传统的观念来判断，他的演讲都是很出格的。对此，您是怎么看？

A 王澍是一位很值得我们尊敬的建筑师，他的作品比较符合西方审美。我认为他的作品带有中国一部分特色，但依然没有找到我们中国建筑之根。我们都在探索着中华民族之根，找到了文化之根，我们才能找到自信。

Q 您认为当今这个时代，中国建筑师是否找寻到了文化之根？是否有建筑大师引领潮流？

A 到目前为止，我认为还没有建筑师找寻到了文化之根，这个时代的建筑师是和中国经济相匹配的时代，建筑师可以出大量作品，能让中国从贫穷过渡到富裕。大师是需要超前某一时代，是引领时代的，比如赖特建造的流水别墅，找到了现代建筑和自然融合在一起的感觉，他对于环境因素的重视，对于现代工业化材料的强调，成为日后我们新探索的重要借鉴，这样才能称作大师。我感觉中国已经有一些苗头，出现大师引领潮流，这个时代已经快到。现在也是文化乱世，我们受到前苏联和美国两种文化的强势冲击，而中华文化最优秀的仁义礼智信，老子讲的对天地的敬畏之心，无为等，却慢慢地被淡忘。同时，这也是一个去伪存真的时代，什么时候我们把文化之根找到了，我们才能找到自信点和立根点，各行各业才会萌发内生动力，这种动力才会推动中华民族前进。

Q **您谈到了中国文化之根，那在您看来我们的学校教育是不是应该强调国学教育？**

A　　真正的国学教育是全民教育，仅仅学校教育是远远不够的。首先，政府要做到有契约精神；其次，教师要为人师表；第三，各行各业都应该自律、自觉。当全民对教育进行深刻反思的时候，教育就有希望了。现在谁都知道中国教育出了大问题，谁也不知道该怎么改，因为这是一个系统性问题。中国的教育快有希望了，物极必反。打一个比方，纸箱里放满了螃蟹，交错在一起，想一个一个拿出来非常难。但如果把它们放到一个大水缸里，它们自然会分开，一个一个捞出来变得很容易。现在的文化危机、经济危机、政治危机交织在一起，就像螃蟹交织在一起，反思与改革就是水缸里的水。中国需要有大的危机，大的危机才能够让中国人反思，大的危机才能倒逼改革。

Q **近几年您"躲在"角落里，默默无闻地工作，冷静思考人生，参与公益事业，您对于公益的理解是什么？**

A　　近几年我做了些公益的事业，有机会接触了许多优秀的企业家，他们有很大的情怀，科技救国，企业报国，但是媒体对他们的宣传还存在片面性。公益也一样，我们经常见到的公益排行榜，永远是按照捐款数量而定，导致很多人认为公益是富人的事情。我们修实公益基金会一直在倡导，人人都可以做公益，随时可以公益，即使给对方一个微笑，一句问候，这也是公益，这就是公益习惯。

A   我们现在主要有三类产品：第一类，科技园区。清润国际大约在十年前开始做京津冀一体化，去年习近平主席也肯定了这件事。其实，作为国家战略，这件事早就被提出来了，只是很少有实实在在在做的，而我们一直在坚持。2011年，我们在河北永清（现在被命名为"北京亦庄永清高新产业区"）给我们的骨干员工设计建造低密度建筑师住宅。

我曾经在《a+a》杂志发表过一篇论文《建筑师的乌托邦》，专门论述建造理念和建造过程。同时，我们也把亦庄（北京经济技术开发区）引进到永清，再造一个升级版的亦庄，把北京的工业疏解出去。所有的这些工作，我们做得都比较超前。这个超前，来源于我们对市场的认知，对大城市的认知。北京的大城市病越演越烈，北京和廊坊的平原面积基本是一样的，北京有大概三千万人口在这里活跃，而廊坊只有三百多万人，因此这个疏解是必然的。北京存留的应该是首都功能，而大型的工业不是首都功能。世界上很多国家的首都，比如说巴黎、纽约、东京，都采取了多中心、多卫星城。而北京是单中心，摊大饼，必然会遇到发展瓶颈，必然会朝多中心、多卫星城方向发展。我们用世界的经验在看待这个事情，不是先知先觉，而是规律。我们在用规律做事情。我们当时选择去永清，一方面有利于北京的疏解，另一方面我们有了固定的活儿源。第二类是广义的乡建类产品。清润国

际做小而美的房子，是从做中国驻外领使馆开始的，十年来设计改造了几十座大使馆。当绝大多数设计公司热衷于房地产项目的时候，我们把主要目标集中在和自然有机结合的建筑上，比如小别墅、小酒店、小会所、小村镇、小寺庙等。近年来，我们大规模改造了北京海淀区七王坟村，让农民离土不离乡，转换环境，开发旅游业，让他们依然留在自己的家乡。第三类产品，医疗建筑。我们设计建造了很多医院。有能力做医院建筑设计的设计院很少，因为医院的设计建造是一件费力不讨好的事情，比如妇产科病房设计，仅仅弱电系统就需要三十多套，甚至还有婴儿防盗系统，这种设计是很耗神的。很多设计院更愿意做住宅，短平快，量大，效益好。而清润国际一直选择一条独特的道路，这条道路走起来相对来说艰辛一些，但是对我们而言，我们认为更有趣，如果耐不住寂寞，随波逐流，那么我们爬山的速度就不会优于同行业，同时我们也不可能从容地面对这次经济危机。

Q **这三类产品之间是否存在关联？**

A 这三类产品之间存在关联，都是从人的需求出发，从人的生活方式出发，从人的心灵觉醒出发，都是复杂的设计。但是它们又分别属于三条不同的产品线。比如医院设计，我们在肿瘤微创领域，抓住减轻病人痛苦、减少医疗费用、增加存活时间需求，和中国医师协会合作，设计肿瘤微创医院，并编制肿瘤微创手术室规范，这样我们就可以在全国各地推广先进技术。同时，我们也在和李时珍的第二十二代嫡孙、第十七代传人李国勇先生合作建设本草纲目园，传播中医，有机会我们也会设计另类的中医医院。现在很多学中医的人从来不打坐，不打坐便无法认识自己，从而就不能做好中医。另类的中医医院会有大量的打坐、站桩、太极拳、冥想空间等。

Q **您平时会打坐么？**

A 我有时会站桩，我练过五年的太极拳，受益匪浅。做建筑，我们需要时时内省、内观自己，才能找到根。总而言之，慢慢做，你慢慢会找到传承中华民族文化的人，各行各业都如此。

A　　　不是所有的员工都认可，所以清润国际经历过分裂。2007年至2008年，是清润国际最痛苦的两年。清润国际基本分成了两部分：一部分设计师选择去挂靠一所大院，接大项目；有一部分建筑师选择留下来，踏踏实实做研究性工作，做生态建筑设计工作，不求高额回报，创立清润的品牌。这些年，随着房地产市场的大幅下滑，我的观念得到了更多人的认同。尤其是我们做京津冀一体化、做乡建、做医院，很多产业我们做的比其他人超前。这样我们有了自己的根基，有了十大客户群，他们支持我们十多年，不离不弃。清润国际没有经营部，没有灰色链条。这样我们能够踏下心来做研究，按照我这条路去走，一开始绝对是艰难的，但是坚持走下来，我们就收获了最大的自由。

Q　请您介绍下近几年您比较得意的作品。

A　　　近几年我比较得意的作品是琉璃世界和北京潮州会馆的改造。"琉璃世界"是我投入最多心血的一件作品。我平时研究螺旋的东西非常多，整个琉璃世界我选用了很多螺旋结构，其实螺旋形是宇宙密码的之一，像宇宙星云、银河系、台风眼、海螺、DNA等，都有一个螺旋体系，对于螺旋的认知，实际上就是人类对文化的认知，也是对自身的一个认知。北京潮州会馆是一个2000多平方米的大型四合院群，历史悠久，对其改造是相当有难度的。我尝试用建筑气场与人的气场相匹配理论对其进行改造，有一定的探索意义。

嘉捷科技园

　　北京嘉捷科技园位于北京经济技术开发区核心区凉水河畔，是以研发、办公为主，生产为辅的高科技园区，项目占地7.2公顷，总建筑面积15万m²。自2005年建成以来，先后引进了中国移动、中材建设、西班牙卡森、开发区环保局等知名企业、事业单位入住，形成了良好的办公氛围与业内工业地产开发领跑者的美誉度。

　　嘉捷科技园的成功，一方面源于嘉捷美锦科技发展有限公司的战略领先、运营科学、管理有序，另一方面则源于清润国际设计团队对设计品质不懈的追求。回首当年设计历程，百感交集，最佳关系的创造是项目成功最核心的因素。

琉璃寺
心灵的觉醒——佛教建筑设计的终极导向

　　当代兴建、复建、扩建的佛教建筑复古倾向明显，大多规模宏大、僵化生硬，个别粗糙庸俗。而佛教建筑一旦缺失了空灵、秀美之气，也就降低了度人之功用，减弱了与天对话、与地对话、与人对话的应有功能，不利于佛教文化的传承，甚至把人导向世俗与功利。本文试图对佛教建筑的发展问题进行一些初步的探讨，认为当代佛寺建设宜以心灵觉醒为导向，宜师古人之心，而非师古人之迹。宜采用新材料、新技术，走继承与创新并举之路，而非一味复古。北京琉璃世界琉璃寺的设计以此为理念，力求设计一组空灵的、优美的、具有传统神韵的现代圣殿，营造一组精致的、神圣的、启迪心灵的感召场所。

　　佛教历经两千多年的发展，能传承至今，其博大精深与生命力已毋庸置疑。其对中华文明的繁盛所起的作用也是有目共睹。中国佛教建筑作为佛教传播的场所，作为大众心灵沐浴、心灵休憩、心灵解脱的场所，其所承载的文化内涵不可谓不重。也正是因为其承载之重，谁现在要是重建、扩建、新建佛寺建筑，就不能越雷池一步，尤其是那个宫殿式的大屋顶绝不可少。尽管现在已经没有大型的木材可以架构传统的木构建筑，他也会用钢筋混凝土去生硬模仿。可是，这种一股劲地模仿过去是否就算继承了传统？是否就能承载文化内涵之重？颇值得商榷。从历史文化维度的视角看，中国历史上向来存在的"皇权大于神权"的思想，传统佛教建筑以仿宫殿形制和"伽蓝七堂制"来彰显佛教的气魄与影响力理所应当。然而时至今日，许多新建的佛教建筑也仍旧以传统的宫殿形制为依据，空间、功能的布局也不适应现代人的需求，这在某种程度上不能不说是一种遗憾。另外，2000余年的佛教建筑发展史中，佛寺大都在仿官署皇家建筑，为什么现在就不仿政府建筑了呢？现代建筑能叩开政府的大门，却叩不开寺院的大门，值得佛学界深思。从历史时间维度的视角看，虽然传统佛教建筑由于受砖、木、石材质及营造工艺的限制，较难实现特异造型，但其造型却是千差万别的，创新也是源源不断的。如今之所以造成千寺一面的印象，主要是人们能看到的，大多是清朝留下来的寺庙，其形制已经僵化。新建寺庙延续清朝寺庙的僵化模式，模仿清朝寺庙更不可取。放在历史长河中观察，中国建筑史与世界建筑史，从豪劲时期到醇和时期，再到羁直时期，明清时期明显是倒退的，正像国人曾经的小脚和长辫一样是倒退的。可见民族文化的发展状态与当期的建筑风格息息相关。中国传统文化走过了创新、融合、保守、僵化之路，佛教建筑也就随着走过了创新、融合、保守、僵化之路。可以大胆地推论：今天文化在复兴，佛教建筑也会随之复兴。从历史空间

维度的视角看，佛教在汉代传入中国，随之而来的便是佛寺、佛塔、石窟等佛教建筑的兴建。佛教建筑在初期受到印度影响的同时，很快就开始了中国化的过程。佛教传入中国后，很快与中国传统文化相融合，佛教建筑则是根据中国社会的实际情况建造的。印度的塔(窣堵波)，是由台基、覆钵、宝相轮等几部分组成的实心建筑。它随佛教入中原时，则建成了楼阁式的木结构塔或砖石密檐塔。寺院的面积主要是由寺院的经济条件决定的。小寺院可以只有一间房屋组成，而大寺院则可能有上百间房屋。南传、藏传、北传寺庙建筑，亦风格各异。可见同为佛教建筑，地域空间不同，则建筑形式不同，佛教建筑形式本无禁锢。综上所述，佛教建筑和佛教艺术自产生以来，一直在发展变化之中，而不是僵化不变的。现今阶段，如何顺应时代，完成从传统到现代的转变，又不失佛教精神的内涵，应是探索的方向。日本建筑师首先进行了大量的探索。近年来从日本、新加坡到台湾地区也逐渐出现了一批基于现代建筑理念，注重地域文化表达，以更抽象、更纯净的手法传递佛教思想的新形式佛教建筑，以心灵觉醒为导向的新建寺庙亦有出现。而在中国大陆地区则由于多方面的原因，类似的尝试还相对较少。位于北京市怀柔区的琉璃世界琉璃寺就是其中之一。

琉璃世界是由北京修实公益基金会发心而建设的融佛学文化、中医文化、大道文化为一体的东方文化交流中心与译场研修中心。

琉璃世界坐落在北京市怀柔区琉璃庙镇，占地约300亩，群山环抱、琉璃河环绕，是典型的山环水绕、负阴抱阳的风水格局。琉璃世界分为文化区与养生区两部分。琉璃寺是文化区的核心，主供药师佛（又称琉璃光如来）。琉璃寺由山门、钟楼与鼓楼、药师殿、大雄宝殿、大悲坛、讲堂、茶堂、南配殿、北配殿、方丈院、琉璃塔等建筑物组成。地下建筑则是千人大讲堂、译场研修中心、中国佛教文化保护中心、佛教文化研究所等。琉璃塔是文化区的标志，因药师佛发十二大愿，解人间疾苦，故琉璃塔主体12层，每层行一大愿，塔顶为第13层，设观景台，阔人心胸，助人升华。通往琉璃塔顶的道路被称作大愿天梯。文化区的核心理念：琉璃世界 怀柔天下。养生区由49座小院、一座养生酒店和本草纲目博览园组成。小院传承四合院的理念，为内向性院落，便于人内观和静观，同时传达简约、禅意、慢生活的哲学观。本草纲目博览园由李时珍基金会与修实公益基金会联手营建。

中国佛寺的布局在公元第四五世纪已经基本上定型了。总的说来，佛寺的布局，基本上是采取了中国传统世俗建筑的院落式布局方法。一般的说，从山门起，在一根中轴线上，串联一组殿堂，周围用廊庑以及一些楼阁把它们围绕起来。这些殿堂的重要性，一般的是逐步加强，往往到了第三或第四个殿堂才是庙宇的主要建筑——大雄宝殿。大雄宝殿的后面，可能还藏经阁或大悲坛等建筑。这些殿堂和周围的廊庑楼阁等就把一座寺院划为层层深入，引人入胜的院落。在最早的佛寺建筑中，佛塔的位置往往是在佛寺的中轴线上的，有时在山门之外，有时在山门以内。但是后来佛塔就大多数不放在中轴线上而建立在佛寺的附近，甚至相当距离的地方。

中国佛寺的这种院落式的布局是有它的历史和社会根源的。除了它一般地采取了中国传统的院落布局之外，还因为在历史上最初的佛寺就是按照汉朝的官署的布局建造的。我们可以推测，用寺这样一个官署的名称改做佛教寺院的名称，那么，在形式上佛教的寺很可能也在很大程度上采用了汉朝官署的寺的形式。另一方面，在南北朝的历史记载中，除了许多人，从皇帝到一般的老百姓，舍身入寺之外，还有许多贵族官吏和富有的人家，还舍宅为寺，把他们的住宅府第施舍给他们所信仰的宗教。这样，有很多佛寺原来就是一所有许多院落组成的住宅。由于这两

个原因，佛寺在它以后两千年的发展过程中，一般都采取了这种世俗建筑的院落形式，加以发展，而成为中国佛教布局的一个特征。

概括地说：位于城市的佛寺多以官署建筑与民居建筑形式作为其建筑的形式，表达的是中国及其所代表的东方文化，层层递进、互通连环，体现出了平衡、和谐与对称的文化建筑制式。位于山区的佛寺建筑，多与山水相依，因地制宜，多表现为灵动、空寂、不均衡对称、动态平衡等特征。优秀的佛寺，不论其位于何处、风格如何，也不论其规模大小、僧众多寡，建筑布局的文化指向均是天人合一、内向趋隐、禅意自然等。

琉璃寺用地狭小，处在半山腰上，周边群山环绕。横亘在西方一座山峰恰恰是庑殿顶形式，酷似山西五台山佛光寺大殿的立面剪影，遂命名为佛光峰。琉璃寺建筑群的总体布局以此山为靠山，并以此山为中轴线的终点。主体建筑沿中轴线向纵深展开，形成自外向内、层层递进、殿宇重叠、主次分明、虚实相映的空间格局。沿中轴线，分别是山门、药师殿、大雄宝殿、大悲坛、佛光峰。把远处的山体纳入整体布局，形成意向中的自然圣殿，是琉璃寺的主要布局特点。对人的启迪是敬畏自然、尊重自然、和谐自然。中轴线两侧分立钟楼与鼓楼、讲堂、茶堂、南配殿与北配殿、方丈院等，依山就势、和谐统一。琉璃塔坐落在中轴线西北方的山顶上，俯瞰琉璃寺与琉璃世界。

塔是佛寺的主要建筑，塔的作用：有的是珍藏佛骨舍利，供僧众膜拜；有的是佛寺的标志，因其高耸，把僧众的视线引向无穷无尽的苍穹，起到神圣的作用。在缅甸，佛塔发展到了极致，成为佛寺最主要建筑，著名的有大金塔等。中国的密檐式塔以云南大理白塔最为著名，楼阁式塔以应县木塔最为典范。琉璃塔远观近似密檐式大理白塔，内视则近似楼阁式，更通透、更神秘、更易攀登。采用螺旋式，一方面是攀登的需要，另一方面是结构的需要，更重要的是觉醒心灵的需要。人类已知的自然界中无限大与无限小，生命中的海螺与DNA，自然现象中的台风眼、无一例外的都是螺旋线。可以说，螺旋线是宇宙的密码之一。琉璃塔隐喻与运用的就是螺旋线，登塔的过程就是体验螺旋线的过程，联想数学之美、宇宙之美、哲学之美，起到提升心性的作用。

《诗经》里的名句："如鸟斯革，如翚斯飞"，体现的就是建筑物屋顶的飘逸与建筑架构的空灵美、线条美、细部美、结构美。现代钢结构建筑做到这些比古代木结构更容易，即所谓用钢构传达木构神韵，理应是中国建筑发展的方向。

钢结构取代木结构是历史的必然选择，沿着钢结构传达木结构神韵的方向，打造一组钢与玻璃的寺庙，也成为设计者的选择。远观取其势，药师殿与大雄宝殿的立面轮廓与著名的唐代佛光寺大殿是基本相同的，气势恢宏。近观取其质，由反对称式双悬索勾勒出的立面轮廓，在近距离看，则化为数十片曲面交错，不但韵律感十足、光影丰富，而且空灵、神圣，富有情趣。最有情趣的是场地的靠山，也就是中轴线的终点，居然是大殿轮廓的重复。大自然真是鬼斧神工。

每当我瞭望天空、山川、河流，都会涌起对自然的敬畏之心。自然是最伟大的设计师，人类无法超越。设计师的设计作品最终会成为自然的一部分，所以建筑要因地制宜、要与自然相融合、要与文化相衔接。讲堂与茶堂都是和地形契合的建筑物，讲堂以黄金三角形为母题，造型隐喻的是两座山峰；茶堂以螺旋线为路径，形态富于变化，隐喻的是荷叶。讲堂与茶堂均以钛锌板为外饰面，灰色线条辅以细腻的质感，仿佛顷刻间融入了自然。大悲坛似一朵莲花漂浮在水面之上，当十瓣儿大尺度莲花窗完全打开的时候，室内空间与室外空间相互交融，几乎就没了分别。学术上把开合式建筑叫做可呼吸的建筑，自然风自然畅通无阻。

空间的创造对于建筑物的营建是十分重要的，

其会直接影响到建筑物的使用者。传统佛教建筑的空间组织往往是以高大的佛像为中心，且佛像所占的空间比例相当大，而在琉璃寺的法堂中佛像可说是适中。

其实早在唐代佛教典籍《百丈清规》中就有"不立佛殿，唯树法堂"的思想，而按照当代"人间佛教"的基本理念，更应入世利他，以人为本，以僧为本。一味地追求佛像高大给人带来的心理暗示显然并不符合现代佛教的发展潮流。而追求佛像的安宁、安详、慈悲更为重要。空间的进深、空间的光线、空间的氛围，更为重要。

佛教经典中有"人人皆具佛性""人人皆可成佛"的思想，本质是反对偶像崇拜的，只是在历史的流传过程中由于种种原因才树起了佛像。随着当代佛教的发展，佛教建筑也应当打破陈规，注重使用者所需要的功能与空间才是最应当的。琉璃寺大殿以及其他附属建筑的空间组织正是以适应僧人和善信修行的使用功能为出发点，流线简单合理，空间宁静无华，提供了人冥想、内省、内观的空间。

随着社会的不断进步与发展，佛教建筑已由原先单纯的宗教活动场所逐渐向集修行、弘法、慈善、教育、医疗和文化事业为一体的现代化机构发展。琉璃世界顺应这一趋势，运用现代设计理念、现代建筑手段、现代组织模式，力求成为中华佛学文化、中医文化、大道文化的传承、发展、传播中心。

这样的宏大愿景，需要相应规格的建筑作为载体。琉璃寺作为琉璃世界的核心文化建筑群，承载着觉醒人心灵的重任。佛教建筑作品之所以对生命有根本的价值，在于它是佛教价值观的表达。优秀的建筑，无论是作为场所，还是作为媒介，其传递的信息，在信仰层面帮助人产生敬畏之心，引领人进入天地人合一之境界，进而使人重新诠释自己和成就自己；在技术层面上尊重科学、凝结智慧，开拓创新和把握发展趋势；在艺术层面涵养美、生动灵性，以创造美好生活。琉璃寺是为佛教建筑的现代化发展做出的一次勇敢的尝试，一定会给人们留下了许多有意义的思考。相信随着时代的进步与佛教的发展，禁锢会逐步瓦解，心灵会逐步觉醒，一个良性的文化发展循环就会产生。

越来越多的以心灵觉醒为导向的佛教建筑将
出现在中华大地上，乃至世界各地。
最后以我即兴写的一首七言律诗结束此文。

连山秀色禅意浓，
琉璃河畔莲花生；
琉璃世界修正果，
慈航普度有缘人；
高僧大德实修地，
点亮心灯药师闻；
心智自由寄愿景，
天人合一悟佛恩。

琉璃世界总平面图
北京清润国际建筑设计研究有限公司
北京修实公益基金会

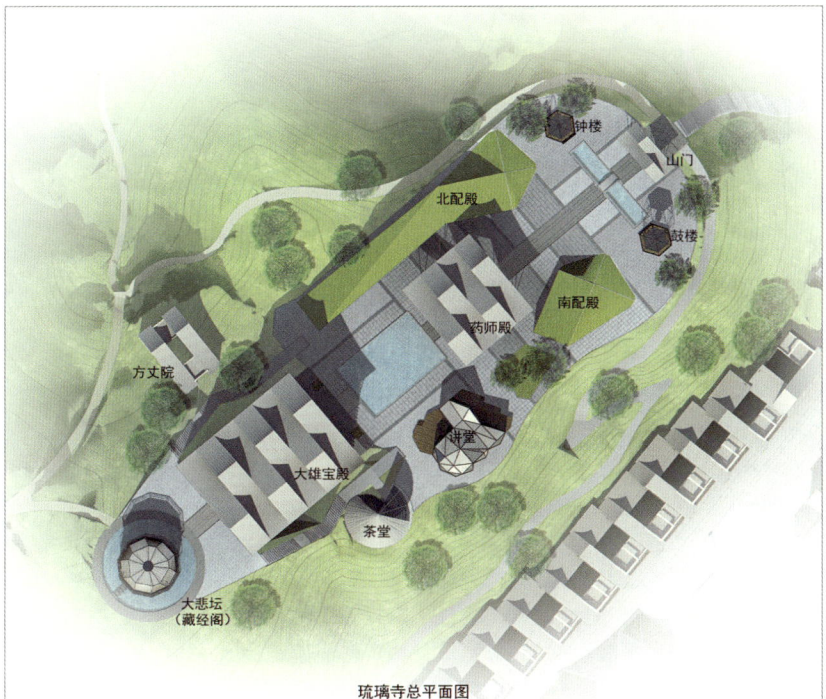

钟楼
山门
北配殿
鼓楼
南配殿
药师殿
方丈院
讲堂
大雄宝殿
茶堂
大悲坛
（藏经阁）

琉璃寺总平面图

王 硕

META-工作室（META-Project）
META-跨界研究院（META-Research）
创立合伙人

王硕是META-工作室|META-跨界研究院的创立合伙人，他曾在纽约、鹿特丹、北京等多家国际知名的设计事务所担任重要职位。在OMA期间，参与了一系列城市规划及建筑项目，包括RAK Gateway City（获全球城市景观与商业地产大奖），新加坡凯德Interlace大型住宅项目（获全球最佳居住奖），以及曼谷第一高楼Maha-Nakhon。他还曾是国内知名的设计公司——标准营造的助理合伙人，合作实现国内大型项目。他于2007年创立META-工作室——作为一个新锐的当代设计机构，持续地对当代中国城市发展进行深入的研究，并通过跨学科的合作建立城市研究和设计实践之间的桥梁。工作室的实际项目通常以研究成果为助推，发掘项目独特的社会—文化潜能，重新建立建筑与其所处社会环境之间的关系。

META-工作室近年完成的代表作品包括葫芦岛海滨展示中心、万科水塔展廊等，获得2013世界华人建筑师大奖，2013美国格莱汉姆基金会奖金、2013北京国际设计周最受媒体欢迎奖、2012现代装饰国际传媒奖年度设计奖等各类奖项的认可，并曾展出于威尼斯双年展（2014）、德国Reiss-Engelhorn博物馆（2013）、上海当代艺术博物馆（2013）、西岸建筑与当代艺术双年展（2013）、北京国际设计周（2013）、大声展（2012）等。

META-工作室是一家具有创新、超越精神，同时又非常关注实际建造的国际新锐设计事务所。面对当下新的挑战，事务所试图通过跨学科的合作重建当代城市文化研究和设计实践之间的桥梁，组织跨学科的合作者一起开展跨越城市策略研究、城市更新改造、建筑及室内空间设计、展览策划、新型产品研发等多重领域的创造。

META-工作室由王硕、张婧于2007年创立于纽约，在2009年正式设立北京办公室后，事务所得到业界的普遍关注，建成作品在诸多国内及国际重要专业媒体发表，并获得了包括世界华人建筑师大奖，WAN Awards在内的多个专业奖项。META-工作室的工作方式具有明确的基于研究的特性，从创立META-工作室开始，就同时展开META-跨界研究院的平行探索。作为一个跨越建筑与城市研究的文化平台，META-跨界研究院活跃于世界范围内的跨学科合作，参与组织了多个国际联合工作坊，试图建立一套跨越出版、影像、艺术、网络、展览等多种当代媒介的设计策略，以期推进当代城市文化价值。META-跨界研究院持续的跨学科城市研究项目——[超胡同]获得了2013—2015年度美国格莱汉姆基金会奖金，2015年麦肯锡"城市中国计划"基金（UCI）研究奖金；荣获2013年北京国际设计周——最受媒体欢迎项目，并受邀参加了2014年威尼斯建筑双年展，被Abitare、Area、Frieze等多家国际媒体报道。另一研发项目——[RESET]未来居住模式研究，在2014年受到包括万科、华夏幸福基业、首创等数家国内重要地产商的关注，并建立了战略性合作关系，共同进行地产2.0新型产品的研发。

A　　我在莱斯（Rice University）硕士毕业论文的题目就是"WILD BE[IJ]ING(狂野北京)"，毕业后在OMA期间参与了一系列城市研究及建筑项目。2007年，在北京创立META-工作室，又把工作室设在一个老胡同里，所以对北京和城市研究一直持续在关注。一条胡同好比是一片森林：从外面看，你感觉它们长得都一样，但是里面却别有洞天，各有故事。为什么人们觉得胡同有意思，怎么样才能把胡同变得更好？你必须要先搞懂胡同，搞懂现实背后的运行机制。[超胡同]是我们在2012年发起的一个国际性的跨学科研究与合作项目，在Graham Foundation、北京设计周，以及大栅栏更新平台等合作者的支持下，四年期间开展了一系列讲座、工作坊、圆桌论坛和公众展览等活动，还参加了2014年威尼斯双年展。对胡同的解读是我们一直持续在做的事情。在做这些研究时，我们暂时不会以实际的设计项目为导向，如果直接转换成做项目，研究就失去了它严肃的学术性，以及多维度跨学科的复杂性。但我们会平行地做一些"微更新"的项目，比如西海边的院子，箭厂胡同厂房改造等。这些散点的小项目不同于政府或开发商主导的大的改造项目，因为小项目能够做得很充分，作为实验的样本用于测试我们的理论研究。到目前为止，我们所做的跨学科的学术研究经费均来自国外基金的赞助，但逐渐地已经开始有一些国内的机构和政府开始接受和支持这种研究了。现在，我们正在做胡同的社会文化调研：在胡同这个空间中究竟有什么东西是非物质空间性的，又是可以以某种方式来量化操作的，例如社会文化属性，如何去调研，如何建立一套工作方法。这样，未来，当我们面对这些复杂的城市规划的时候，可以把研究结果纳入到我们的评价体系中。这些研究我们还会持续做下去。

　　住在胡同中，是否需要与街坊四邻打成一片？

A　　当搬进胡同后，你会发现跟你想象的完全不一样，它不是一个原本就开放的模式。胡同形成于元朝，明、清以后又不断发展，最初是一个以大家庭为单位的内闭性空间组织，后来由于历史原因，四合院被打开，形成了大杂院，从而胡同转变成一个介乎于私密性和公共性的地方。随着外来人口的进入，胡同开始不断更新。由于大杂院的生活模式，人们的生存空间受挤压，大家虽然共同生活在一个屋檐下，但是其实是一种"敌对"的状态。如果你和邻居仅仅是单纯地共用一个物理空间，没有其他的联系，其实是无法建立社会文化以及情感联系的，尤其是我们这些胡同的"外来人口"。但是，如果一旦有了基本的经济关系之后，这个联系的回路就被打通了，大家可以一起来做一些共同认可的事情。其实，人与人之间需要有一些关联发生，需要给自己一个理由，同时也给对方一个理由，这个理由就是一个社会文化经济的机制，这个机制需要被开发出来，而不是只提供一个物理空间，然后单纯地等待它展开。由于某些原因，类似于南锣鼓巷这样的一些胡

同区域出现了，带来了胡同演化的新的可能。但如果你不知道机制，你永远不知道下一个会发生在哪里，如果你不知道机制，即使出现了这样的地方，人们会将它揠苗助长，很快的它就会进入一个不健康的，甚至是糟糕的状态，所以我们要研究怎样保证它比较有活力的发展。这些研究虽然不是我们的主要业务，但是我们现在会放在META—跨界研究院的平台上一直持续做下去。META—工作室从成立之初，我们就确定了一个"50%+50%"的模式，即只把一半的时间精力集中在实际项目上，另一半时间精力用来做关于当代城市文化的非营利性研究，并且跨越于城市研究与设计实践之间，我们希望重新建立两者之间的关系。

Q **您会觉得时间不够用吗？**

A 自己想做的事情太多，时间必然不够用。实际上，每年我们只能做三四个项目，因为再小的项目，我们都会用心对待。我们不仅做设计，而且关注施工中的每一个细节，比如，我们有可能为了一个木门窗的选材和设计，我们自己会去研究，查阅大量的资料，请教德国或者北欧的工匠。因为每个行业都要不断的进化，才能更好地满足当代社会的需求。

Q **请您对菊儿胡同做一个点评。**

A 我们最初在做胡同研究时，专门去菊儿胡同做了调研。在当时那个年代，吴良镛先生设计的菊儿胡同是非常超前的。当我们在谈论胡同的时候，我们更多地想到的是建筑师用什么方式介入它，而建筑师只能提供单纯的空间介入。但胡同文化不仅是空间，必须有政府和各种社会资源的支持，它属于社会行为。菊儿胡同不是单纯的空间研究，吴先生调动了很多的资源，只不过在当时那个年代，对文化生活的跨学科研究还没有达到多元嫁接的程度。我们现在也做了很多研究，但是这种研究离实际地去调动和协调多层级社会资源方面还相差很远，有很多东西需要我们去学习。但在某些层面我们具有一些优势，比如与社会文化相关的，我们现在拥有更多工具和方法去获得知识，尤其是互联网时代，城市数据的收集和分析，能让我们

更敏锐地发现问题，并提出行之有效的介入方式。胡同的研究，走到今天，总结成几个关键字依旧是吴先生提出的"有机更新"，可能我们现在能补充的就是"进化"这一渐进的概念。

Q 您的团队现在有多少人？

A META-工作室有十多个人，以建筑和室内设计为主；META-跨界研究院有三四个人，主要研究跨界合作，比如城市胡同研究，研究与行为心理学和社会人类学等领域的合作，与地产相关的新模式的研发，互联网+社区等。互联网+社区，即在互联网时代的大背景下，结合城市研究和各个学科的研究成果，如何真正提高社区人的生活品质。它不是一个单纯的产品级的东西，更多的处于模式创新层面，我们称之为"原型研发"。在当今的地产环境下，如何借助行为心理学、社会学、空间和金融，以及互联网科技，同时将各个学科"混搭"，让地产升级到下一个全新阶段。

Q 在国内，是否有类似于您这样的研究和实践并行发展的工作室？

A   有的。比如，我比较敬仰的李虎和庄慎。李虎在持续做社区的公共空间的研究，始终在探讨当代年轻人，例如，他们的活动，是如何在一个集群式的公共行为下展开的，如何通过建筑辅佐这种行为的自发展开，建筑空间如何能适应一批新的年轻人的生活方式。还有庄慎，他从城市自发性的临时空间里面梳理了出一种不可识别性的建造系统（unrecognizable system），并持续在做这方面的研究和设计尝试。

Q 北京、上海和深圳三个城市，您认为哪个城市的设计师更活跃？

A   我觉得北京、上海和深圳三地各有不同，都很活跃。上海以同济为中心，形成一个很好的设计文化氛围。同济是综合的体制，既属于体制内的，同时也扶持体制外的，它是一个开放的平台，大家在这个平台上可以共同做很多事情。在珠三角，以OCT创意园和深港双年展为基地，大家定期做交流，也很活跃。北京，是一个多元的多中心的城市，在这里你能遇到新朋老友，我曾经在纽约的朋友如今都回到了北京，包括很多国外建筑师也来到了北京。一方面，北京有大的项目，另一方面北京现在处于前所未有的开放阶段，机会多。北京的魅力在于，很多人来到这里不是单纯地为了赚钱，而是为了某种其他的东西，比如亲身体验这个城市新旧混杂的原生活力，来这里的人做事情存在很多可能性。

Q 现在中国的建设高潮已经过去，未来会到达一个出精品的年代，根据您的了解，未来十至二十年，中国会出现世界级的建筑大师吗？

A   我觉得肯定会有。我们这代年轻人和国外的建筑师基本属于同一个平台上成长起来的，我们做任何一个作品，是把它放到国际的平台来衡量的。可能我们在实践时会碰到各种问题，包括做研究的支持不足等，我们的设计可能不如国外建筑师那么纯粹，但是你处在一个"复杂"的环境中，你所付出的艰辛比他多了好几倍，你具有了解决各种问题的能力。另一方面，我认为，新一轮有关城市原生创新的基地会在东南亚大城市，中国将占很大一部分。我们的城市和乡村特别体现城市的当代性，同时容纳并涌现了很多新的模式，所蕴含的活力很大，如果我们能够在这种状态下，学到知识，再反馈到实践上，经过十年至二十年所积累的思考和理论，会更有创造力。现有的现代建筑理论体系是无法覆盖中国城市和乡村的。现在，很多国外的事务所和建筑学院学生来中国做调研，中国是未来新的城市理论产生的核心。

Q 至今为止，有没有您比较欣赏的中国建筑？

A 我认为中国的建筑很多都是很好的。建筑，不一定要一味地"迷信"知名建筑师，更多的是直观的亲身体验。借用库哈斯说过的一句话，我们的建筑"应该是被用的，而不是被欣赏的"(meant to be used, not liked)。

葫芦岛海滨展示中心

　　项目位于辽东湾西侧一个尚未开发的海湾，地处两山环抱之间，业主希望在海滩附近建立一个展示中心，作为进入这片区域开发的第一步，吸引公众的关注。在这个原本一片荒芜，只有几个巨型工地的环境里，项目试图开拓出一个具有"公共舞台"性质的空间——不仅能够吸引前来参观的特定客户，更能引起整个海滩上的公众关注这里的发生的每一个事件。

META-工作室通过对海滩地形的研究推导出关键的剖面：建筑的主体需要成为一个"悬浮的盒体"，而为了最大化景观优势，参观人流从背海一侧进入建筑后随即上到二层的面海空间，同时盒体下面覆盖的部分则完全向海滩公共人流开放。建筑空间围绕着不同高度层次朝向大海的景观展开：首层，悬挑下创造了600平方米的公共休闲空间，海滩上的人流可以自由出入；二层，作为主体功能1000平方米的洽谈空间，让"开放的舞台"更好地引人注目；在此之上还有屋顶的观景平台，三个层次的景观体验各不相同。

▍西海边的院子

　　西海边的院子位于什刹海西海东沿与德胜门内大街之间，原本是一个狭长基地，面朝西海一侧的两排砖混结构的厂房建筑，东侧则是二十世纪七八十年代搭建的几间矮小破旧的临时性房屋。房主希望能将其改造成具有北京胡同文化特质的空间，同时又能满足一系列非常当代的混合使用功能，包括茶室、正餐、聚会、办公、会议，以及居住、娱乐。

　　META-工作室在对基地现有构筑物进行详细梳理后，进行了审慎的改造与介入。首先，将两排东西向厂房之间形成的狭窄压抑的巷道空间转化成与胡同院落模式相符的空间类型，并在扩展后的凹凸空间衔接处引入三个不同形式的悬挑门廊，界定了纵深方向的层次，形成了空间意义上的"三进院"，力图通过错落有致，移步换景的空间层次，以当代的语言重新阐释多重院落这一概念的新的可能，同时构建了房主期待中胡同文化生活的内涵。三进充满树木植被的院落将房主需要的各种混杂功能合理归纳划分，并使整个基地内的日常行走成为一种连续的而又充满节奏变化的空间体验。

为了将近乎于行走在"胡同"中的空间感受引入到院落中来，院子内部采用了三种原生的材质——石、木、瓦，并通过其特殊的搭接方式来实现对胡同外部空间的重新阐释。

立面上使用打磨成五种深浅程度的火山岩，在尺度和色差上都与胡同中宅院的外围高墙相近，而在纹理上却体现了更为精确细致的变化。通过复杂构造实现的大小比例各异的楸木室外门窗，则为院子内部各个观察视点带来了变化丰富的表情，并最大程度上实现了由内向外的观景。较为开敞的后院围墙则以"瓦"作为主体，将本用于屋顶排水的筒瓦在旧墙内侧垂直叠放成为围屏，并通过精心控制的细微扭转，使这一原本灰暗的材料在不同光线与角度下呈现出耐人寻味的光影变化。

为了使室内空间能够继续延续庭院的胡同日常体验，室内引用了"金砖"地面和灰砖墙面，并用深色木质的栅格屏风对空间进行流动化的界定。同时，室内体验的营造都围绕着对室外自然（西海或庭院）的取景，使不同的"窗"成为连通内外环境、使之互相渗透的"转换器"。

西海边的院子，在不断的牵引外部城市与内部营造之间的对话中，寻找并阐述着北京胡同在当代的生活特质。

吕品晶

中央美术学院建筑学院院长
教授、博士生导师

Q 请您谈一谈您现在花费最多时间思考的问题是什么？

A 　　由于我自己带工作室的课程，在考虑整个学院教学工作的同时，在工作室方面花费的时间会相对多一些。为了更好地针对现在学生的现状和他们未来的发展，我们工作室的教学也在计划进行相应的调整，例如，我在考虑如何把四年级下半学期部分课程和五年级毕业创作形成一个大的结构，让学生们在最后这一年多时间有一个更好的统一。如果说学校课程是分析模式，那么工作室课程应该是综合模式，让他们进入一个准设计师的状态。所以，今年我在工作室教学中的第一个变化是对原来教学中施工图课程教学要更加深入扎实。以往我们要求学生把小的方案画成施工图，这种效果不是很理想。一方面，这种教学和专业之间缺少配合，另外一方面，施工图的设计不仅仅是绘图，不是把尺度标得更加细致一些，层次更多一些就好，而是这个课程最终要解决什么问题，达到什么效果。我认为，课程最终目的是解决图纸表达和实际建造的关系，是一个不断深化设计思想的过程，而不仅仅是细化的过程。我们今年特意找到了一个村庄改造项目。每一个项目很小，一个学生负责几十平方米的小院子，从最初的构想到最后实际建成的效果。在这个过程中，学生还要学习地方的建造工艺。传统的村落都是地方的民工巧匠建设起来的，这里蕴藏了许多文化信息、传统手工艺的技艺，如何把这些东西结合现在的建造技术和手段恢复起来，所有的这些都可以在这个课题中体现出。我们带着学生去村子里调查、测绘、感受现实环境，了解原来的建造工艺，跟村民交流，了解他们的意愿，考虑如何利用它，只有这样才能更好地延续他们的生命。

Q　美丽乡村项目中，学生深入村庄，与当地村民进行沟通有没有遇到什么障碍？

A　　语言会遇到一些障碍，其他都很顺畅。我们以建筑的眼光去现场调研，建筑本身会说话，你把这些东西记录、测绘下来，就为下一步工作提供了很重要的元素和设计出发点，以及解决问题的方法。我希望同学们在设计过程中能够更多地强调和构想他所表达的东西以及最后建造的东西，而不是凭空想象、很臆断地画一些图纸。在这个过程中，我们会请设计院的建筑师、结构工程师和设计机电工程师做一些介绍，也会和当地设计院进行合作。项目的工作量并不大，就是三间房，但是建筑的做法、材料、内部空间、陈设等都需要考虑，要保障结构的协调与建筑的关系，还有照明、采光、水暖电，所以即使是一个小麻雀，但我们需要接触的内容是在实际建造过程中会面临的问题，这些原理是一样的。

Q　您觉得现在的学生对什么比较感兴趣？

A　　我认为他们对于新鲜的事物、新的技术关注度比较高，这很好。但是，我们也希望引导学生关注一些现实社会问题，包括乡村建设问题、文化遗产保护问题。虽然这些问题很传统，但其实也是新问题，这其中会涉及地域、文化、生态、社会发展的各个层面。

Q 学生做这些项目会不会不接地气？

A 这个问题是肯定的。如果很接地气，就不是学生了，学生们更多的是要拥有热情和想象力，哪怕想法很稚嫩，但是要有自己的观点。

Q 多重身份的您，现在主要担任哪些课程的教学？

A 因为行政管理事务较多，现在主要给一年级学生讲部分建筑概论课程和工作室课程。工作室课程是对学生整个四年课程的总结，让学生们对自己作品的重新整理，梳理学习的过程，结合毕业创作做专题设计研究。

Q 每一个年代会有他们固有的标签，您认为现在的学生和您那代相比，有什么优缺点？

A 整体来说，大的环境不一样。我们那个年代获取信息的渠道相对较少，现在处于一个信息爆炸的时代，每天可以通过各种渠道获取大量信息，尤

其是互联网时代，任何信息都可以在网络找到。作为教师，我们上课如果仅仅是知识的传授，照本宣科，根本无法满足这个时代的学生。在现在这个信息碎片化的时代，我们主要应该起到引导作用，帮助他们搭建发展的构架。在我们那个年代，大家想的都是被培养成什么人，现在我们应该让学生们把各种可能性发挥出来，不应该按照我们既定的方法来打磨他，否则，他的个性和创造潜质会被教育抹杀。

Q 让学生展现出他们的个性和创造潜质，您认为现在的学生中有多少具有灵性和才气的人？

A 我觉得他们都很有灵性和才气。首先能够走进央美建筑学院的就是很优秀的学生。走进央美的学生分为两种：一是专业课很优秀，文化课相对低一些；二是专业课合格，文化课很优秀(文理兼招)。这种录取方式能够保证我们的学生是一个多元化的结构，我们的学生在某个方面都会具有突出特点，他们相互影响、启发。不是同一种思维格式进来的，思维就会有碰撞，思维的碰撞往往会产生创新的火花。

Q 信息化的时代使得老师的教学难度越来越大，现在选择老师的标准有什么改变？

A 作为老师，首先需要心胸开阔，视野开阔。心胸开阔能够容得下和学生的平等交流。视野开阔，能够为学生打开一个宽阔的学术思维眼界。同时，本身的专业素质也要很高。

Q 现在是否鼓励老师带着学生做项目？

A 需要鼓励老师做项目。如果不做项目，就没有实践，就会跟社会脱节。社会飞速发展，知识更新速度也越来越快，如果没有通过这样的方式获取实践经验和学科的新知，你如何去指导学生。带着学生去做项目，本身也是对学生的一个锻炼。但是，并不是带着学生做生产性的项目，而是具有研究性和前瞻性的实践。

Q 国外，有些学校都是产学园合在一起，特别是和企业也有一些合作，您的工作室似乎也在朝这个方向走，我们学院有没有和哪些企业合作？

A 我们建筑学院是和北京市建筑设计研究院合作办学成立的，中国建筑设计研究院也是我们的合作办学单位。跟材料方面的企业合作不是很多，材料厂商会进校园做新材料的介绍，这个也是有需要的，因为一个建筑创作最后是以材料呈现出来的。一种材料，无论是物理属性上，还是在视觉的表现力上，具有哪些可能性，学生都应该去了解。材料不仅仅是建造材料，也是艺术语言表达很重要的组成部分，你了解得越多，你表达的手段就越多，否则，就像人们在说话时语言词汇很贫乏。

Q 建筑学院在中央美院中应该跟艺术的其他院系结合得比较紧密，应该也有很多做艺术装置的学生吧。

A 美院的教学有一个特点，不同院系的学生们除了日常生活可以在一起，学习上也有很多机会在一起。有一小学期，我们专门让学生做跨院选修，在选读这些课程时，他们会跟其他专业学生有更深入的交流，会带着建筑的思维进行其他的艺术学习和创作。同样，建筑学院的学生会把他的思想方法，包括技术性的表达语言在所选学的课程中运用上，这是我们在教学中所提倡的。在专业学习的过程中，我们希望植入一些艺术的语言和方法。

Q 北京交通大学有一个建构节，咱们建筑学院是否有建构节？

A 我们没有建构节。但是，在我们教学中很早就开始把学生的兴趣往这方面引导。因为建筑本身实践性很强，对材料、结构的认识，一方面可以通过理论的学习获得，另一方面可以在动手的过程中去感受、去体验，这也是非常重要的，也是我们教学的一个特点。我们有一个建造基础的系列课程，从一年级到三年级，不断做一些小的材料、构造、结构实验，直至一比一的小型构筑物的搭建，在这个过程中，把理论学习的问题和建造过程中的体验相结合，强调综合性的思维。

Q 最后，能不能介绍一下你们第四工作室的毕业设计教学情况？

A 这几年，我们希望工作室在课题方面有一些改变，比如，毕业设计的选题上，希望工作室同学之间相互联系。今年我们将它延续到大运河的课题中，大家在一个空间里去设计，他们之间联系很密切，但是制约也很大，

希望发挥他们的创作潜能。我们申请了深圳创想公益基金会的资助，支持同学们沿大运河调研。我们选择了几个不同的地点：济宁、徐州、扬州和杭州。之所以选择这几个地点是因为：济宁是古时候运河之都；徐州是运河最大的港口，是唯一一个申请文化遗产没有成功的城市，是在文化遗产保护和经济发展之间走到另外一个极端的典型城市；扬州是最早开凿运河的城市，大运河申遗的牵头城市，协调大运河沿线的所有城市申报；杭州是运河的南端，做运河申遗工作最早，目前运河文化遗产保护和发展也是做得最好的城市。大运河部分失去了交通运输和流通的功能，但是它作为文化形态的价值依然存在。我们借助于创基金的支持去调研，学生们不仅对大运河进行全面调研，也会分别对他们所选择的城市进行深入调研。做这样的课题，既有对运河保护、发展和城市关系的整体思考，又可以通过从南到北地域性的差异，去看运河和城市的关系，以及发挥他们的创造才能，为运河赋予新的意义，振兴运河文化。

沈中伟

西南交通大学建筑与设计学院院长、教授、博士生导师，兼任中国建筑学会常务理事、全国高等学校建筑学科专业指导委员会委员、全国高等学校建筑学专业评估委员会委员，获国务院政府特殊津贴，国家一级注册建筑师。

研究领域主要集中于交通建筑与城市地下空间。主持国家自然科学基金课题2项、京沪高速铁路重大研究课题1项、铁道部科技开发计划1项、四川省科技计划项目等多项国家及省部级课题的研究，发表学术论文60多篇，以第一获奖人获省部级成果奖两项，学术成果丰富。

您如何看待您的工作？

A 　　回顾这些年，我其实只做了两件事：一是人才培养；二是建筑设计研究。在建筑学人看来，教师与建筑师的双重身份是相通的，可以合二为一。但成为一名优秀的建筑学教师并不简单，必须要做好三件事：教学、研究、设计。这三者缺一不可。作为一名教师，教学是根本；研究是高度；设计是表达，是对自己职业能力最直接的体现。我本人一方面从事教学研究，另一方面也从建筑师的角度要求自己，设计了很多小建筑的作品。年轻时的我设计了许多住宅、公共建筑，特别是教育建筑，但随着年龄的增长，时间的推移，慢慢发现设计必须要与研究结合，只有这样才能把设计做精、做细、做好。换而言之，倘若没有研究作为支撑，直接去从事设计工作，我们无法知道如何做好设计，什么样的作品是好的作品。我们常说：建筑是一门遗憾的艺术。如果将设计与研究分离，那么一个建筑的遗憾成分往往多于你最初想要获得的成分。我做了很多教育建筑，其中有快乐也有遗憾，对于一位苛求的建筑师来说，是难逃的命运。正是因为有了遗憾，才会有动力去完成下一件作品。近几年来，我个人很少从事设计工作，主要研究方向是交通建筑及其规划。峨眉山高铁站是我近期的作品，车站坐落于世界文化和自然遗产的窗口——峨眉山脚下。如何表达好这个建筑？首先，建筑本身在这个场地自我的角色定位，需要很恰当地融入地域和城市环境中，建筑语言简单、质朴，但却体现了建筑本身的特点，没有被文化与交通建筑的类型化绑架。这些依托于建筑师多年的积累，否则，在历史文化遗产地做建筑，会受到诸如形态上、空间上乃至细节上的束缚。可以看出，设计与教学具有密切的关联性，作为一名好的建筑师，你反哺给教学上的东西是不可能脱离社会发展与城市政策的需求，脱离建筑学本身知识结构的要求的。如果没有实践的东西，你无法了解时代动态，比如建筑材料、技术的发展与变革等，这些东西反过来对教学的促进作用确实非常好。反之，通过设计我们也可以发现问题，然后进行分析和研究。就我本人而言，我更多是从事教学研究与设计相结合的领域，年龄越大，越来越专注于小设计，未来希望自己做得更细致，更出色。

关于教学、研究和设计这三方面您的时间是如何分配的？您平时思考最多的是哪些问题？

A　　我主要的时间在从事教学和研究工作，担任教授以前，更多的时间是从事教学，担任教授以后更多的时间是从事研究。其实，研究需要花费大量的时间。通过研究，既要把课题做成做好，又要通过课题让研究生得到很好的锻炼，培养他们的思维能力。随着年龄的增长、职位的提升，我更加重视建筑学科的前沿动态。就工作投入的比例而言，他们在不断的变化中。现在，我基本上教授大学一年级的新生研讨课——建筑导论。这门课程是把你引进建筑的门槛，通过我对建筑理念、对这个行业的理解，深入

峨眉山站站前广场与换乘中心设计

浅出地引导学生理解建筑，培养学生的学习兴趣。

Q 您认为现在的大学生报考建筑学这个专业属于有意识的，还是无意识的情况？

A 　　我们这代人，误打误撞的情况居多，到了九十年代，特别是2000年之后，随着我们国家的迅猛发展，建筑行业成为社会热点，此时，基本上都是有意识报考建筑学的。我们那年代，没有建筑师这个职称，都是工程师，从事建筑学的工程师，充分说明这个时期对建筑师的需要是短缺型的。近十五年来，创作的步伐越来越大，相信中国会涌现越来越多的优秀建筑师。

Q 请您简单说一下您的个人经历吧。

A 　　说起来我的经历很简单，毕业到现在，一直在学校工作，随着工作年限增长，一步步走到今天。回看这段经历，我认为最重要的还是个人价值观指导了我个人的选择。

Q 您认为现在的学生和二十年前的学生的最大区别是什么？

A 　　首先表现在知识结构上。现在学生的知识结构要优于以往的学生，比我们读书的时候要提高了很多，美术水平、艺术修养都比较高。其次，表现在眼界开阔。我们那个年代，没有能够让我们直接体验和感受的建筑类型，街上几乎是茅草房，这是一种贫穷的象征，本身就无法传达人类文化信息。

丽江火车站设计（合作设计者 邓敬）

最后，表现在现在的教学手段优于我们那个年代。我们那个年代，大学学习一年后还对建筑设计懵懂无知，我是一个有意报考建筑学的人，上学时都不知道建筑学是什么，不了解建筑学是一门空间的艺术，只学习了如何绘画，而现在的学生不仅对建筑学有很清晰的理解，而且几乎知道需要什么知识结构，早早有所准备，有着自己明确的发展方向。他们在校期间针对空间的构成问题、表现问题、建造问题、工程问题、科学问题进行了很好的思维训练和能力提升。同时，伴随着教师队伍的国际化，现在国内建筑教育的思维培养与西方的差距正在大幅缩小。

Q 在教学、研究和设计这三者中，您最满意的是哪一方面？

A 　没有最满意的，但研究是我相对投入时间较多的一个方面。我们这代人在从业的过程中，刚好遇到了中国经历急剧变化，建筑市场有迫切需求的一个年代。

时代背景是一把双刃剑，既是机遇，也是挑战，我们在实践中认识，在认识中实践。社会在发展，学科也在发展，这是摆在我面前经常困惑的问题，比如现在新的建筑类型是城市综合体，而这些与城市又有着什么样的关系？许多问题需要我们不断的反思，不断的研究。

Q　未来您想做什么事情？

A　　未来十年的重点：第一，做小作品，小东西可以表达大内涵；第二，想留下一些能够对业界有启发作用的少而精的文章。我的长项是在交通建筑和景观的研究上，未来也会更多地做一些文化性的设计，其创作空间能够受到功能的制约，创作具有一定挑战性。

Q　您对您设计的作品有没有哪些比较满意的？

A　　2000年之前我更多的是做学校和住宅，2000年之后做了很多空间

建筑和交通建筑，但是总体来说，没有特别满意的作品，每一个作品都有遗憾。

Q 国内近十年的建筑作品中，您比较中意的是哪个？

A 欣赏的建筑作品有很多，比如广州歌剧院，批评的声音非常多，但是它确实给人带来一种深刻的建筑体验。老一点的建筑中也有很多优秀的建筑，比如彭先生做的小亭子，面积很小，但是设计得很细，老先生对小比例的控制力超强，建筑语言表达得很好。建筑是需要时间来检验的。

Q 国内外的建筑大师有没有您的偶像？

A 我已经过了偶像崇拜的年龄。比较欣赏的是库哈斯，他能够把思想、行动和作品相统一，这本身就是一件不容易的事情。

夏海山

北京交通大学建筑与艺术学院院长
教授、博士生导师

1969年生于北京，博士毕业于同济大学，美国宾夕法尼亚大学访问学者。现为中国建筑学会资深会员、建筑教育评估分会理事。九三学社中央教育与文化委员会委员。

主要从事绿色建筑、轨道交通与城市设计研究。认为"交融与创新"是当今建筑教育与设计的核心，物质与空间、信息与数据、思想与文化的交融体现"天地交而万物通"的"交通文化"内涵，新的时代设计师需要大思维、大视野，思维创新是设计的核心，需要突破原有行业与学科的思维禁锢，数据化与信息化为设计创新提供了新技术、新方法。

BD工作室源于2005年夏海山主持创立的"生态城市与绿色建筑研究中心"，致力于绿色低碳建筑与城市可持续发展的研究与实践。随着时代的发展及认识的提高，提出了"大设计"的理念，工作室也因此以BD（BIG DESIGN）命名。首先，"大设计"在于大，大设计具有大思维、大视野，设计创新的核心是思维创新。当今大数据与互联网时代打开了原有行业与学科的思维禁锢，设计需要多专业、全方位的大视角和大思维；其次，"大设计"在于新，数据化与信息化为设计创新提供了新技术、新方法；"大设计"在于精，生态与低碳不再停留在概念上，需要数据量化与精准模型设计，精准化与精致化成为设计产品的目标。

目前，BD工作室由高校教师、博士后、专职设计与研究人员，以及博士生和硕士生组成，积极投入绿色建筑、建筑信息化与工业化、数据与城市空间设计的实践与研究。连续3届获得台达杯国际太阳能建筑设计竞赛一等奖，2013年参加国际太阳能十项全能竞赛，设计建造的实验建筑iYard获得能量平衡一等奖。承担了包括国家自然科学基金项目、住建部科技计划项目、世界银行项目在内的大量研究课题。出版了专著10多本、发表学术论文100多篇，每年组织各种国际及国内学术会议及沙龙活动。

BD工作室的核心成员都具有海外工作与学习经历，注重研究与实践的国际化，目前联合成立了中德生态城市与绿色建筑研究中心、中英BIM研究院、中美"未来城市联合实验室"及"城市、区域与交通研究中心"。

Q　能谈谈您对建筑学的认识吗？

A　建筑学这个行业既古老又常新，古老是因为住房是我们从古至今用来满足遮风避雨的需求，常新是因为建筑本身随着时代技术的发展和我们对精神文化的追求一直在发展。对我来说，我更多地关注于建筑教育，同时也从事了一些探索性的设计创作和建造实验。建筑教育这个学科，最大的特点是实践性很强，如果没有实践经验，仅仅靠理论来做教学的话是完全不够的。我大学毕业站在讲台的第一天，心里非常忐忑，纸上谈兵实在不踏实。好在工作的第一年要下基层锻炼，争取到了去学校设计院实践的机会。从事了一年实际工程设计后，感觉实践经验依然不足，恰好20世纪90年代初南方开始了轰轰烈烈的开发建设，我便停薪留职选择了去南方从事工程实践。这是一个火热的建设年代，对于渴望设计实践的我投身其中，抓住机会真正在一线实践了一番，晚上加班熬夜画图，白天上工地进行技术交底和工程验收。通过两三年实践，做了大量的设计，我很快意识到，在建筑领域再上一个层次，自己的储备不够，自己需要再提高发展，于是便再次走进校园继续读书深造，读研攻博。真正从设计一线静下心来读书并不容易，经过将近八年全身心回归学校的再学习，我自己对建筑的理解、对建筑学的认识，无论是技术建造，还是哲学思考，都有了长足的提升。

博士毕业后，我在中国矿业大学任教，并担任系主任。除了自己教书外，我既组织教学又搞科研，开始建设建筑实验室，搞建筑学及城乡规划学科点建设，并且成立了规划设计研究所，五年后，学科点的构架建设按照计划基本完成，2008年建筑学专业顺利通过国家专业评估。2009年，我调到北京交通大学后，还是被安排承担学科建设工作，2010年顺利通过建筑学本科专业评估，2011年建筑学、城乡规划学及设计学建设成为一级学科硕士点，2012年申报建设城乡规划本科专业并于2013年开始招生，2014年建筑学硕士点通过评估。

从博士毕业后十二年的时间，我的主要精力都投入在学科建设上，组织了两所学校建筑学通过国家专业评估，申报学科点以及增设新专业，因为有机会并且愿意做专业评估这个事情的人并不多，作为建筑师在中国最好的设计年代投入做这些工作应该算是一种奉献吧。然而，这些工作让我对建筑教育工作有了更深的体会，对建筑学学科发展的认识也提升了层次，这也是一种收获吧。

Q 通过二十几年的实践，您对建筑教育有什么感悟？

A 建筑学是一个比较特殊的学科，跨越很大，不仅包括艺术审美、工程材料，还包括人文历史、社会经济，按照我们现在的理、工、人文、社科、艺术来划分学科门类，建筑学在高校就很尴尬，不知道该归属哪个学科门类。也正是这种跨越，说明建筑学是一个综合性很强的专业，用我们现在的话来说就是跨界，是一个跨领域创新的学科，创新是建筑学的宗旨。我觉得在建筑教育上需要有三个结合：

第一，建筑教育与生活的结合。建筑是生活的一部分，是为生活服务的，学习建筑必须深刻地认识生活、理解生活的需要，学好建筑要从最熟悉的周边生活学起。

第二，建筑教育与实践的结合。它是一个实践性很强的学科，教学方式跟其他学科有很大的差异，就是要动手实践，因此我们在教学中安排建造节、设计院实习等环节。

第三，建筑教育与科研结合。建筑教育需要把握前沿，需要培养科研创新意识。最初我们做绿色低碳建筑，接受很多新的理念，而当今时代迅猛发展，建筑不仅仅为人们提供生活的空间、满足绿色环保需求。我们的生活、时代发生了变化，我们对物质空间的需求、精神层面的需要更高了，同时，工业4.0、互联网+的到来，对我们的冲击很大，改变了我们的交流方式，改变了我们的生活方式，也从思维认识以及技术建造各个层面改变着建筑。正因为建筑是生活的一部分，所以建筑设计行业最应该走在创新前列。在教育方面，我们也在不停的探索，怎么有更好的方式让学生认识建筑，理解建筑，这是一个很有挑战的课题。

Q   西安刘克成院长曾经做过一个报告，他说我们一直在模仿别人，或者说追随教学大纲走，已经丢失了自己的东西。他勇于创新，探寻新的方法，并且这些年得到了无数的掌声。您未来的目标是什么？会在建筑教育这条路上一直走下去吗？

A   我们这个年代，身边的诱惑太多。我们这个行业，不仅搞设计也搞科研，科研对于我们在校老师来说也是颇有吸引力的。在这个时代，真正的教育越来越边缘化。我一直在思考，什么东西是最吸引我的，什么东西是我发自内心去追逐的，想来想去还是教育。建筑学这一学科，教育和实践是相辅相成的，没有实践就没有教育。建筑师能够留下为后人所见的作品，教育传承的是思想，能够成就未来无数建筑师创造作品。从这里一点来看，不仅是建筑，我认为古今中外最大的功德、最终能够让人认可的成就应该是教育。一所拥有几百年历史的大学是一个财富，我们能够读到它的历史，但是，最主要的是它在传承着一种思想和精神，这种精神是最难能可贵的。

Q   在您的探索实践中，无论是国内还是国外，您心中的标杆是什么？

A   从建筑学这个学科来看，有很多大家比较推崇的学校，例如，英国的AA、瑞士的ETH等培养了很多有创造力的建筑大师。但是否能够直接拿来到中国就能培养中国的大师，大家也都在思考，教育虽然有一定的规律性，但是教育要因人而异，因材施教。建筑教育有永恒不变的东西，也需要有适应时代发展的地方。近年来，美国硅谷很多投资商，包括乔布斯的夫人都在投资教育，做创新教育，这种模式有点类似于我们以前的私塾，个性化教学，手把手带徒弟，传承着古老的匠人精神。从建筑行业来看，它本身应用实践性比较强，必须这么做。但是在当今网络时代，不断有新的东西冲击影响着教育，我们教育工作者怎么把传统方式跟时代结合，能让学生既学到建筑的技艺，同时具有适应时代创新的思维。

Q 在您与学生的接触中，您觉得现在的学生感兴趣的是什么？

A 建筑系的学生差异很大，有的学生目标很单纯，他未来想做一名合格的建筑工程师，中规中矩地达到了我们这个行业的基本要求；有的学生喜欢创新，有强烈的创新意识，不停地挑战新的东西，他们未来想做一名主创设计师。我们在教学时需要因材施教，因人而异，不同的学生有不同的追求，我们要给他不同的引导，就像一块宝石，匠人们可以根据它自身先天的条件雕琢出不同特质的艺术品。所以我们必须根据每个学生的个性、特长、需要进行培养。现在的学生与二三十年前的学生相比，还是有很大不同，多数是了解建筑学专业、喜欢这个专业，就是冲着建筑来的，他们知识面广、思维活跃，创新性工作能让他们兴奋，反而我觉得教师的压力是很大的。

Q 六七十年代的人都很勤奋，每时每刻都在努力学习，您觉得现在的学生是否还勤奋？是否像大家所说的一代不如一代？

A 我觉得现在的学生有现在的想法，我们不能一概地说一代不如一代。毕竟时代不一样，六七十年代的人想要寻求发展空间，只有考大学唯一一条路，而现在这个时代，家庭条件优越，学生们没有这方面的压力，但他们同样也有自己梦想、有他们的追求和抱负。社会在发展，一代会比一代强。每一代人都用他们自己的方式去成为推动社会的栋梁，我觉得应该以一种发展和期待的眼光看待学生。

Q 您从事教育行业这么多年，桃李满天下，有没有哪些学生是您特别满意的弟子？

A 应当来说95%都比较满意的。有一些学生在高校教书，有的已经做了教授，多数学生在设计院工作。总的来说，他们都有自己的追求和想法，学生们毕业后也会和我经常联系，有什么新的成就、新的作品，就会和我探讨，这个也是我们从事教育觉得最值得欣慰的事。投入教学不会有所他求，当看到自己的学生有成就，你会无比喜悦，就跟自己有成就一样，他们的成功就是对教师价值的肯定。

Q 与建筑实践相比较，您似乎更喜欢教学与研究，是吗？

A 从我大学毕业至今这二十多年间，正好是中国建筑大发展的时代，中国城市化迅猛发展，我也曾有机会自己创业，也看到周边很多人投入火热的建筑市场，甚至我也有同学现在经营着每年产值过亿的事务所。面对这些诱惑，我也曾动摇过，矛盾过，但是我最终选择扎根在学校，算是身随心走，教书与研究更适合我。以前只认为自己是学设计的，没什么可研究的，现在发现建筑研究也是很有乐趣的事。

Q 与您交谈中，我感觉您每一步都很平坦，您是否遇到过什么挫折？

A 在别人看来，我可能算是一路平坦吧。我出生在高校、成长在高校、学习工作在高校，毕业后虽然也曾在社会上做过一段设计实践，但是最终扎根在了学校。其实挫折，我的理解不一定都是我们所说的事业和生活上的失败。认识世界、感悟生活的心路历程，我想每个人都会有起起伏伏，这也应该算是内心的挫折。从大学毕业至今，工作后再去学习、学习后再选择工作，我也遇到了很多人生的十字路口，你需要去选择哪些东西是值得你花费时间和精力去做的。当纠结的时候，我信奉，把生命浪费给内心觉得美好的事物。

▋ 2013 国际太阳能十项全能竞赛

"太阳能十项全能竞赛"（Solar Decathlon）被誉为"太阳能建筑的世博会""2013中国国际太阳能十项全能竞赛"由美国能源部与中国能源局主办，在山西大同举行，由十几个国家20多只设计团队参加。BD工作室经过近2年的设计研发，建造出一个完全以太阳能为能源的具有智能设施的实验建筑——iyard，设计以传统空间院落为原型创造了一个空间可变、功能复合的住宅建筑，尝试零能耗太阳能住宅的同时探索建筑未来发展的可能性，设计研发出集成太阳能主动被动技术、智能交互技术、工业集技术、低碳环保技术于一体的iYard，利用可变的院落空间及灵活的室内空间充分发挥被动式太阳能技术并获得舒适的生活场所，98平米的智能建筑能够每天利用太阳能发电60度左右，在比赛测试期间共发电270度，模拟正常生活耗电120度，节余电量150度，取得了此项赛事的能量平衡第一。

iYard应用现代科技手段，力图达到智能化（intelligent），个性（individual）和创造性（imaginative）的完美结合。引入交互式智能建筑设计理念，为使用者提供了个性化生活。通过物联网技术带来了人与建筑的"一键式"互动，使i-Yard成为智慧住宅，同时也为太阳能等低碳技术提供了应用和开发的平台。开发设计的移动终端APP应用程序整合平台，将照明、家电和通信设备等整合到一个用户的自定义操作平台之中；这个平台对所有用电器的耗电进行控制，通过挖掘建筑智能化控制系统的潜力，让住户自身积极主动的参与家居的节能环保。

为满足工业化拼装要求，iYard从方案设计即开始建立建筑-构件-家具-场地的整体化模数体系，生产标准化构件、进行一体化建造。iYard设计致力于与先进制造业紧密结合，建筑被分解成多个部品系统，每个部品系统都采用成熟的工业化产品，具有市场应用的商业前景。目前BD工作室针对市场需求正在进行iYard二代的设计研发工作。

SD2013比赛现场

iYad夜景

iYard内庭院

iYard客厅

iYard餐厅

iYard南立面

▋ 徐州轨道交通地下空间城市设计及上盖开发

轨道交通使徐州城市空间实现了真正意义的结构转型，作为城市核心空间及轨道交通换乘点的彭城广场，其职能也发生了转变。大流量的公共交通将增强空间极化作用，城市空间的商务、商业集聚，以及承载市民活动、彰显城市文化，赋予城市主广场更复合的城市功能。彭城广场面向未来还需要以高效的立体步行交通系统、安全的快速疏散保障体系、集约的地下空间效率发掘、多层的历史遗迹文化展示、现代的生态景观空间环境、复合的地下管廊市政系统承载新的城市空间职能。

彭城广场城市设计过程应用空间句法、GIS+BIM技术、交通模拟、VR及AR技术分析设计城市空间，集约化利用城市地上、地下空间，并有效连接1、2号地铁换乘站及周边大型商务、商业综合体。在徐州地铁2号线奔腾大道站上盖综合体设计中，依据数字模拟交通及人的商业活动规律进行空间设计，探索数字技术在复杂建筑设计中的作用。

1. 数据技术与模型分析：基于网络开放大数据资源，应用多种途径的数据技术，在城市尺度上抓取百度各类功能兴趣点数据（Point Of Interest），应用空间句法模型建立徐州现状城市区域的道路模型和未来的总体规划道路空间结构模型。基于对现状各类功能的空间分布规律以及交通发展的模型预测，确定彭城广场区域在未来的城市发展中新的功能地位，理性确定城市设计目标。

2. 理性设计城市空间形式：对1、2号线换乘站的

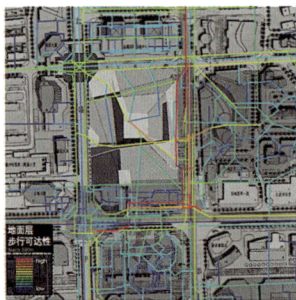

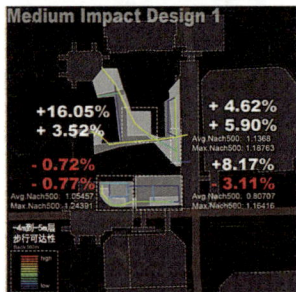

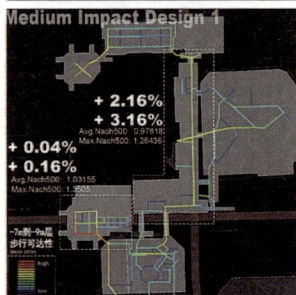

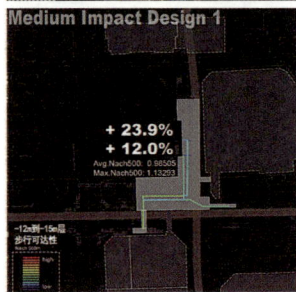

彭城广场空间模型分析图

出口与周边空间节点间的地下和地面空间连接系统进行方向性的设计，并针对各个方向选择，根据其连接方式的拓扑空间结构模型，测试不同类型连接的效能。在明确设计方向选择的基础上，进一步根据各个连接的实现方式进行模型测试，全面、深入地检验现状施工方案、各备选初步设计方案及未来远景方案的空间连接效率，确保地下空间的开放能获得最佳的疏散人流功能，并能够提升周边及基地自身的商业利用价值。设计深化阶段采用视域分析和人流模拟技术，检验设计方案中主要公共空间的使用状况，进一步优化广场地面和地下公共空间方案。

3. 模拟判断设计效果：确定初步设计方案后，采用交通模拟及虚拟现实技术模拟分析设计方案的效果。同时考虑地下有三层叠加点遗址和文物保护对设计的影响，对施工现场发掘的文物进行详细的跟踪记录，还原徐州各历史时期的城市建筑肌理，在现有遗迹拼图的基础上，结合历史地图和文献资料，应用空间分析技术还原推测彭城广场地下未发掘的部分。以此为基础对概念设计方案进行进一步的深化和调整，并根据发掘出的重要遗址和有保留展示价值的建筑房基进行展示，使之与地下通道系统和商业空间有机融合。设计采用GIS+BIM技术，便于后期施工阶段综合各个工种管线及遗迹保护缓冲区的虚拟建造和冲撞检测。

在徐州彭城广场地下空间以及地铁2号线上盖综合体设计中，建立地下空间的虚拟现实模型，在虚拟环境中研究行为时空特征，应用交通模拟、空间句法等分析软件进行行为分析，进一步优化设计方案中标识系统，疏散流线和商业停留公共空间的可视化设计，为出站人流的寻路行为和紧急状态下的疏散设计提供科学、理性、量化的决策支持系统，探索数据化与数字化的设计方法。

广场模型

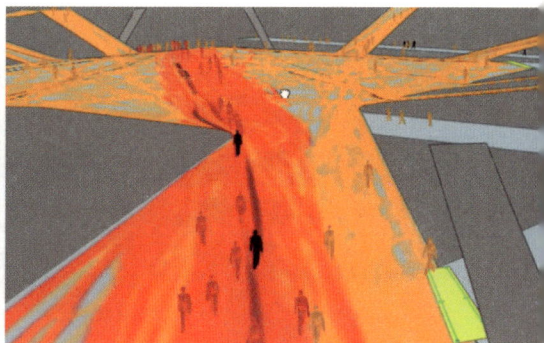

下沉广场与地下空间人流模拟

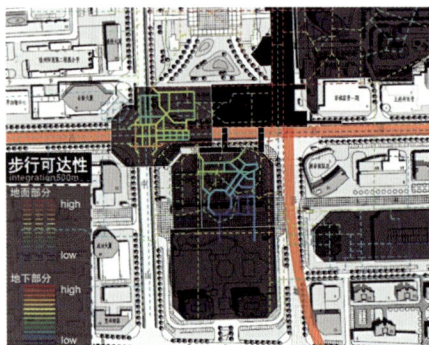

交通节点数据模型分析

过街天桥连接功能模型分析

下沉广场与地下空间

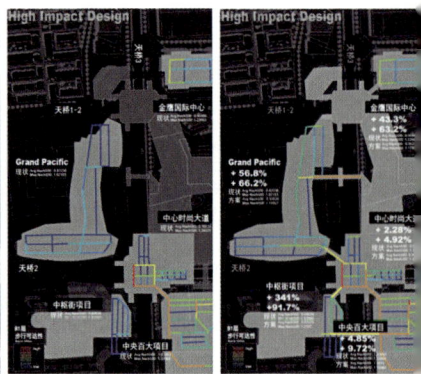

地下空间交通模型分析

彭城广场地下一层阳
光厅及文物展厅

徐州地铁2号线上盖综合体设计

地铁及上盖综合体竖向设计

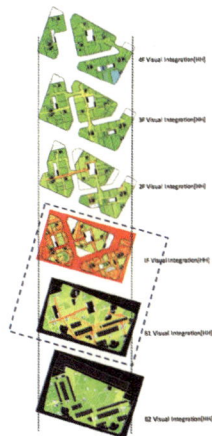

空间句法模型分析商业空间

张宝贵

全国雕塑企业工作委员会主任
中国装饰混凝土协会理事长

张宝贵，1950年出生于北京，1968年去山西插队，当过农民、工人、教员、干部，教过体育、音乐、美术。

1987年由插队的山西回到了北京，带着一群农民搞起了装饰混凝土。1995年在中央美院举办个展，1996年在中国美术馆举办了"张宝贵造石艺术展"，有的作品被中国美术馆和世界银行收藏。清华建筑学院徐卫国老师介绍他认识了吴良镛先生，吴先生专程到他的小工厂，邀请他为孔子研究院设计制作凤型雕塑。在这之前，他还曾为中国历史博物馆、钓鱼台国宾馆做过雕塑。20世纪90年代，他活跃在中国艺术界，不断到艺术博览会参展，不断在雕塑活动中发言。他的雕塑被科技部部长万钢作为国礼送给美国前任副总统戈尔，他的雕塑被美国国家艺术委员会主席阿黛尔·玛苟收藏。他的作品都是环保材料制作的，都有自己发明的特殊技术。

2004年清华大学美术学院陆志成告诉他清华美院外墙要做齿条状墙板，说国内还没有，要为国争光，这种说法让他心血来潮。从那时起，张宝贵走上了墙板研发的路。2004年崔彤设计的化工出版社办公楼用了墙板以后，建筑师越来越关注，项目越来越多。他不断到各种建筑活动中去宣讲这件事儿，不断为建筑师"量身定做"，建筑师喜欢上了"宝贵的混凝土"。

2016年，他从事这个行业算起来也有29年了，不知道干了多少活儿，服务了多少建筑师，社会各方面关注他，他到处讲学，乐此不疲。他被聘为"亚洲经济发展协会公共艺术委员会主任""中国雕塑企业工作委员会主任""中国装饰混凝土协会理事长"。他发明的装饰混凝土轻型墙板获得了日内瓦国际发明金奖，这项技术被科技部专家组评为"国际领先"，并制定了这个行业的标准。

西安大明宫 张锦秋设计

鄂尔多斯东省体育场 崔恺设计

山西五龙庙

接触很多建筑师之后，其实您对建筑这个领域也有自己的一些看法，那您能谈谈对于建筑这个职业您自己的看法。

A

　　29年来不知道接触了多少建筑师，最早是在北京建筑设计院传达室后面一个小房子办展览，储培源、张景华安排的。想不到水泥做的小东西，建筑师觉得很新鲜。后来，刘益荣带司世春他们来畲苍屯，那是1988年吧，让我为亚运村南小区托幼做雕塑，虽然只有360元，但这是第一个订单，我们上路了。后来刘力大师让我为他的熊猫馆做小装饰，王洪喜让我为中日青年交流中心做雕塑，还有金柏龄让我为亚运村村长办公室做浮雕。20世纪90年代，开始和建筑师打交道，为他们服务，听他们讲建筑、讲环境、讲想法，像学生听老师讲课，而且是旁听生。我一直在这个圈子外面，从外面看和从里面看还是不一样，建筑师经常叫上我跟着他们去工地，深一脚浅一脚的，他们总是在洽商，工程没交付使用前总有修改，最后会给我留下时间，让我讲雕塑，从那个时候起我开始学习表达，生命中许多故事想起来，有如路途中的景点，让人留恋。在我的印象中，建筑师都非常有学问，都非常平和，都特别会说话。那时候设计院没有空调，夏天都是电扇。他们用鸭嘴笔画图，在很大的木质画板上画，没有电脑。他们的字很工整，好漂亮啊，他们中间有渲染图高手，像魏大中、何镇强啊。建筑师在我心中的位置很崇高，有时候又觉得他们像农民种地，像工人盖楼房，很实在的一群人。当然他们也有矛盾和纠结，比如最近经常听到建筑师讲政府干预建筑设计，商人干预建筑设计，他们很苦恼，不过细想这也正常，建筑归根到底是对社会的反映，不是孤立的，不像画家画画和书法家写字，建筑师要和很多人打交道，要面对很多专业。建筑师不但要接触规划，接触投资人、材料商、艺术家，还要懂很多，不然没办法实现设计。他们还要会协调，记得1978年前为张锦秋大师做大明宫丹凤门的样板，我插过队，打过夯，做出夯土墙样板放在西北院，张大师一看就说是她想要的，后来市里主管领导说太老了，要改，张大师让我们再改，她说领导也代表一部分审美，能落实下来已经不简单了。她的妥协反映了一种胸怀和把控意识，她的态度让我明白很多。接触久了，觉得他们更像是社会活动家，他们有追求，又很务实，不然房子再好看，建不起来会是一场空。他们都有特点，到了一定年龄都会讲话，很有文采，大家一起开会可以感觉到。

混凝土的灯

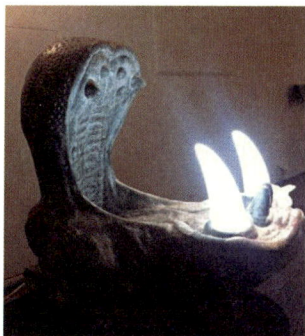

混凝土的灯

山西五龙庙 王辉设计

您说得挺好的。那现在外界对您的身份有好多种称谓，您觉得您自己喜欢哪一个？

A　　有一次上海同济大学建筑设计研究院总裁丁洁民说："宝贵，我都60了，不能叫你大叔啊！"我开玩笑说："那好几个建筑师也60了，怎么叫大叔啊？"他说，那我就叫大叔吧！其实"大叔"起源彭礼孝，因为他小得多嘛，跟我小孩一边大，彭礼孝可能长得比较着急，都以为他很大，所以他一叫我大叔，弄得现在大家都叫。

陕师大博物馆

那您是否认同人生中存在契机？

A　　契机？我不懂啊，一般以为只有良机才是契机，也许危机也是契机。在危机面前心不乱的杂技演员，他的高难度对于我们来讲，除了危险什么都没有，对他们来讲，那是位置，危险过去了，他们获得了掌声。对于一个了不起的建筑师，不管古代的还是当代的，如果没有那么多困难，那天才是什么？我在农村这29年非常难。一直到此时，经常会有种无收，有时还拖欠工人工资，最多的一次九个月，想起来很后怕啊。契机就像被挖通了的河，水会向你涌来。我身处昌平，带着200个农民，我们什么都没有，但我们做了吴良镛、何镜堂、

谷泉会议中心

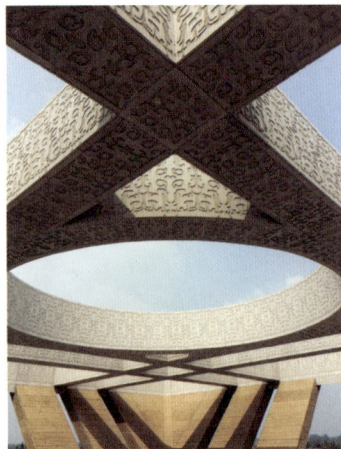
江苏丰县祭祀明台

张锦秋、崔凯的很多项目。这里没有策划，一拍即合，一个项目一张图，或一次交流，就够了。契机也许不只是由天而降，也是自地上长出来的。

Q 我比较好奇一点，如果生活能再来一遍的话，您会选择怎样的一个道路？

A 有人问过这问题，生命再来一遍，你还插队吗？如果真的是这样，我还会去插队，这条路适合我。49年中，我独处农村，孤立无援，但我能静下来，能老老实实干活，这条路让我踏实。这49年好苦，好在一切都过来了。一个没有学历的人，没有背景的人，享受了许多，这也许是苍天的恩赐，我应该知足。人生也许就像吃饱了饭去走步，去旅游，去体验、去思索，去折腾。很多问题，无解，不要解。面对很多痛苦，无奈，不要往心里装。没有进入濒临被淹死的那种境地，我不知道什么叫渴望。

Q 您在农村和城市都生活过，您觉得以自己的个性来说，更适合哪一个，在乡村生活还是在城市生活？

A 我是矛盾的，本来回北京是想回家，回到生我养我的那个小胡同里，我小时候在北京白塔寺北边的后纱络长大，没想到在畚岙屯生活了29年。面对农民，我有点小本事，他们信服我，他们成就了我，我们一起创造了许多奇迹。面对城市，我经常以农民自称，虽然是个"伪农民"，借农村的质朴演绎一种风格，这是很难的时尚，没有几十年功底一定会穿帮。每当建筑师开大会，大家听我讲话，他们前仰后合、魂不守舍。王昀说，大家喜欢听你侃。齐欣说，听张爷讲话，几百个人像吸了大麻一样，以为共产主义明天就能实现了。我像一个居无定所的幽灵，到处游荡，这样真好，我活在白天和黑夜之中，我活在城乡接合地，归根结底我是这个世界上最幸运的"两地"人。

中国的农村出了个董勇，天上的"城市"有个七仙女，他们走在了一起，如果董勇不在农村了，七仙女还下凡吗？嫦娥要上天，七仙女要下凡，上天入地反映了不同的愿望。农村和城市是当下的说法，再过几百年农村和城市也许成为故事了，这些故事中会有新的童话吗？

Q 刚才您也说到了，您的作品和材料用在很多重要的建筑上，这个材料是您研发的，它有没有达到极致？它是不是已经很完美了？如果说您觉得还没有达到的话，那您下一步的计划是怎样的，如何去完善它？

A 谢谢，这些问题都很有意思。29年，我不知道我的路在哪里，迫于生存，没完没了地干活儿。建筑师找到我，我就兴奋，不管是什么活儿，不管干过没干过，接到任务就一个心思去研发，好在建筑师特别信任我，这是我能够坚持下来的原因。我自己都不知道为什么我会带着农民去做中国历史博物馆的浮雕，钓鱼台的浮雕，那是20世纪90年代啊，我们真的没有经验，勇敢和渴望，不只是我，也是那个时代。又比如说，国家大剧院音乐厅吊顶1300平方米，100多吨，很多建筑师都觉得很奇特。2007年音乐厅首次演出，大剧院业主委员会主席万嗣全见到了我，一下搂住了我，说我为大剧院创造了奇迹。安德鲁说本来要放弃设计了，太难了，没人做得了，没想到我们把他的设计实现了。他说，大剧院最喜欢的是音乐厅，音乐厅里最喜欢的是吊顶。当初接受这个任务时，我们太兴奋了，那一会儿我们把力量用到了极致，可一算账赔了100多万，我以为大剧院音乐厅就是一切，我乐意为她付出。还有首都机场的浑天仪，为什么如此现代的机场放了古老的物件？也许反映了建设方的某种企盼，他们希望飞机安全起飞，安全降落。其实所有的期盼都不是解决实际问题的，它只是一个内心的向往。就像海边有个妈祖像，希望渔民的船平安出海，平安地回来。还有世界气候大会去年12月份在法国召开，大会秘书长来到昌平，希望我用低碳材料做雕塑送给各国政要。万刚把我做的雕塑送给美国副总统戈尔，说这是中国的低碳雕塑。坦率地讲，这些都没有达到完美，只是没有竞争，因为不赚钱的事别人不干，机会给我留下了，让我显露才华。清华大学张利说："宝贵大叔的创造力在于好奇心"。每当上台发言的时候，就像一股水从嘴里流出来，平时没准备的话也出来了。我们的工作微不足道，只是赶上了很多机会，如果一定说好的话，还是项目太有名气，我们沾了光而已。这和极致没关系，更谈不上完美，我不习惯这样讨论问题，只在乎机会出现了，我还能更兴奋吗？如果还能有好奇心，还有想象力，足矣。

国家大剧院音乐厅吊顶

世界葡萄大会 马尔科·卡萨蒙蒂设计

Q 您花时间做的事情哪个最多？一个是思考的，一个是做的。

A 其实，我跟别人不一样，我经常不思考，比如采访完了，我回去以后，就什么也不想了，归零了。有一个长者问：张宝贵，你特别能侃，侃的时候灵魂出窍了，你能回来吗？他这个问题很恐怖，让我联想到很多的诗人和智者。他们进入了思考的极端，就回不来了，他们精神分裂了。人们在最兴奋的时候，也许会进入一种"病态"，这种"病态"离崩溃不远了，如果回不来，用现实眼光去看很可怕，从畅想回到现实中来需要一种能力。我喜欢"心在天而行于地"，讲话可以海阔天空，做事还是一是一，二是二。一方面，我喜欢演讲，在演讲中进入快乐；另一方面，喜欢混凝土研究，对于新的工艺和材料有乐趣。单军设计的晋中博物馆几千平方米浮雕挂在空中，出于晋中的民俗，有砖雕和石雕纹样，我建议进行提炼变形，让老的东西有新鲜感，远看是一种肌理，近看也不能过于清晰，在模糊中留下想象空间，让废料成为原料，似砖非砖，似石非石，这种材料要轻而真，我把体会讲给设计师和技术工人，他们去做，我再挑毛病去和他们讨论新的可能，思考和干事有如"两口子"，如果"相亲相爱"，可以孕育新的生命，谁先谁后，谁多谁少，自有规律。

Q 那你平常想得最多的是什么呢？

A 为什么还没有人请我去做报告？为什么今天还不来人？听说来人我就兴奋。前两天中国电力大学40个党员干部让我讲"两学一做"；北京师范大学100多个企业领导干部让我讲经济；中日韩经济协会的企业家让我讲如何面对金融危机；北大让我讲哲学；政法大学让我讲公关。我渴望交流，我本来不知道怎么讲，上台了一张口，东一榔头西一棒子的，他们就兴奋了，说我是跳跃思维。我的知识不系统，不这样讲不知道怎么讲，反而成了风格。我的经历和挣扎最终没有变成钱，完成的很多项目让我收获了荣誉，这种东西和自己的劳动有关系，就像汗水掉在地上，叭一摔摔成了种子。最近我开始想收获了，我多想在我老了的时候，不只是自己可以出去卖弄，一起工作的工人们也挣到钱了，我才心安理得。

西安大唐西市博物馆

Q 最后一个问题，您觉得一天当中，最美好的时候是什么时候？

A 就是天亮了，我又可以和人聊天了，聊天那一会儿是轻松的，是自由的，会有很多乐趣出现。平时太忙了，比较紧张，免不了也在装。聊天来不及装，如果装的话，人家会懂，会早早告退，或者干脆不来了。聊天改变习惯，多年下来明白了，生活需要沟通，特别是真实的沟通，有内容的沟通，方为人。

贾平凹文化艺术馆 屈培青设计

延安大剧院 赵元超设计

条码的启示

北川静思园 周恺设计

本书策划、出版历时三年有余，非常感谢程泰宁院士为本书作序，以及各位建筑大师和建筑教育家在百忙之中腾出宝贵的时间接受采访，并提供和修改出版资料，特别是最后的制作期紧锣密鼓，没有大家的配合就没有顺利的出版。在这里我们衷心感谢各位对本书出版的积极配合与支持！同时，本书出版得到了中国装饰混凝土协会理事长张宝贵以及中国电力出版社编辑周娟华的支持。非常感谢大家！

内容提要

本书采访了中国当代建筑界知名的十位建筑师以及建筑教育家，以图文并茂的形式分享了他们的观点，为建筑行业的朋友和广大热爱建筑艺术的读者们提供了宝贵的经验和知识。

图书在版编目（CIP）数据

思变轨迹：当代中国建筑师访谈录 / 顾勇新，周小捷编. —北京：中国电力出版社，2017.1
ISBN 978-7-5123-9753-8

Ⅰ．①思…　Ⅱ．①顾…　②周…　Ⅲ．①建筑师－访问记－中国－现代　Ⅳ.①K826.16

中国版本图书馆CIP数据核字（2016）第213283号

中国电力出版社出版发行
北京市东城区北京站西街19号　　100005　　http://www.cepp.sgcc.com.cn
责任编辑：周娟华
责任印制：蔺义舟　　责任校对：常燕昆
北京盛通印刷股份有限公司印刷·各地新华书店经售
2017年1月第1版·第1次印刷
700mm×1000mm 1/16·11.25印张·187千字
定价：78.00元